〈新装改訂版〉
八幡神の正体

もしも応神天皇が百済人であるならば

林順治

えにし書房

はじめに

　世界が注目するベルリンの壁が崩壊する2カ月前の1989年（昭和60、1月7日昭和天皇死去）当時、私の歴史認識は菅江真澄の「雪の出羽路」や「月の出羽路」によく引用される『陸奥話記』の源頼義や後三年の役の八幡太郎義家レベルの郷土史でした。

　この年（1989）の7月私宛に『日本古代王朝の成立と百済』（並製、A5判、横組、300頁）が送られてきました。著者の石渡信一郎氏はまったく知らない人ではなく、数ヵ月前に著者仲間の1人M氏の紹介で山の上ホテルで面談した人でした。

　本を手にして一瞬、「少年時代に過ごした深井（郷里雄物川町深井）のはずれの雄物川の河原に接して高く聳える八幡神社とその神について何か知ることができるかもしれない」と思った私は、急いで頁をめくっていきました。すると212頁の見出しに「4　昆支の神格化・八幡神」とあり、また前の頁を繰っていくと124頁に「第6章　百済王族余昆（昆支）＝応神天皇」とあります。

　もし百済から渡来した王子が日本全国津々浦々の八幡神社の応神＝八幡神であるならば、いったい日本の歴史をどう見たらよいのでしょうか。それまで私は八幡神社には八幡太郎義家が祀られているのであって、源氏3代（頼信・頼義・義家）が応神天皇を祀ったのであることは知る由もなかったからです。

　本と一緒に氏の挨拶状が同封されていました。その内容は次の通りです。

　　私はこの度『日本古代王朝の成立と百済』を私家版でだすことになりました。本書の特徴は、①古墳時代に朝鮮半島から多数の渡来者が

あったとする人類学者の新しい学説と、②応神陵の年代を5世紀末から6世紀初めとする地理学者日下雅義氏の学説に基づいて日本古代史の謎の解明を試みたことです。こうした試みはいまだになされていません。人類学者の研究成果によれば日本古代国家を建設したのは、概念の不明確な騎馬民族ではなく、朝鮮から渡来した古墳人だと考えるのが自然です。また、応神陵は5世紀から6世紀の初めの倭国王の墓です。

　私は学者が不当に無視している、これら人類学者や地理学者の古墳時代に朝鮮半島からの多数の渡来人があったとする研究成果に依拠して古代史の解明に挑んできましたが、崇神王朝が加羅系統、応神王朝が百済系統であることを解明しました。また応神陵も5世紀から6世紀初めの墓と見ることができます。また継体天皇は応神の弟で、八幡鏡（隅田八幡鏡）の男弟王であり、仁徳陵の被葬者であることを突き止めることができました。つまり記紀にみえる応神と継体の間の10人の天皇、すなわち仁徳から武烈までの10人の天皇はみな架空の天皇であることがわかりました。本書は記紀が隠した、このような古代大王家の秘密を明らかにしたものです。

　以来、私は石渡信一郎氏の『応神陵の被葬者だれか』（1990年）など12冊の編集体験を私の知的想像力のエネルギーとし、今年4月、26冊目の『干支一運60年の天皇紀』（えにし書房）を出版しました。私の26冊のすべては石渡氏の命題「朝鮮半島からの新旧2つの渡来集団による日本古代国家の建設」を念頭におかないものは1冊もありません。

　本書『八幡神の正体』は、もし応神天皇が百済人であるならばアマテラスを祖とし神武を初代とする万世一系天皇の系譜と矛盾することを明らかにした『八幡神の正体』（彩流社、2012年）の新訂判です。それゆえに誤植・錯誤を直し、新たな知見を加え大幅に書き換えました。

尚、石渡信一郎氏は『倭の五王の秘密』（信和書房）の新訂判を 2016 年に出版し、2017 年 1 月 9 日享年 90 歳で亡くなられました。謹んで読者の皆様にお伝え申しあげます。

2018 年 7 月末日

林順治

〈新装改訂版〉八幡神の正体　目　次

はじめに　3

序章　日本および日本人の神……………………………………………　9
　1　八幡神の出現　9
　2　鹿嶋送りと八幡神社　13
　3　エミシは異人種か　17
　4　欽明天皇＝ワカタケル大王　19

第1章　藤原不比等の子とその孫たち……………………………………　23
　1　「倭」から「日本」へ　23
　2　律令国家日本と八幡神　32
　3　雄勝城に至る道　39
　4　持節大使藤原麻呂からの報告　47

第2章　古代日本の守護神八幡神…………………………………………　51
　1　藤原4兄弟と天然痘　51
　2　金光明最勝王経と八幡神　56
　3　蘇我馬子は大王だった！　60
　4　聖武天皇と光明皇后　63

第3章　皇位継承の危機……………………………………………………　69
　1　廬舎那仏と東大寺建立　69
　2　雄勝城と保呂羽山　74
　3　廃帝淳仁天皇　77
　4　『続日本紀』の藤原仲麻呂伝　80

第4章　法王道鏡と八幡神託………………………………………………　87
　1　万世一系天皇と王位継承　87
　2　法王道鏡の出現　91

3　八幡神託事件の真相　94
　　4　藤原氏陰謀説　99

第5章　百済系渡来王朝とエミシ………………………………107
　　1　対エミシ38年侵略戦争　107
　　2　俘囚伊治公呰麻呂の反乱　117
　　3　天智系天皇桓武のトラウマ　125
　　4　巣伏村の激戦　131
　　5　坂上田村麻呂とアテルイ　146

第6章　"吾は日本の神となった"………………………………157
　　1　大神清麻呂の解状　157
　　2　加羅系日神と百済系日神　162
　　3　変身する八幡神　165
　　4　僧行教と石清水八幡宮　168
　　5　清和源氏の祖応神天皇　179

第7章　河内源氏と百済系渡来集団………………………………189
　　1　源経基、平将門を訴える　189
　　2　桓武天皇の5世孫平将門　191
　　3　藤原摂関家の軍事貴族源満仲　194
　　4　藤原道長の妻倫子と父源雅信　196

終章　もし応神天皇が百済人であるならば………………………203
　　1　平忠常の乱と源頼信　203
　　2　河内国守源頼信と荘園坂門牧　205
　　3　壺井八幡宮と通法寺跡　212

　　おわりに　219
　　関連系図（天皇家・藤原氏・桓武平氏・清和源氏）　221
　　参考文献　227

序章　日本および日本人の神

1　八幡神の出現

　鎌倉時代の僧神吽が編集・執筆した『八幡宇佐宮御託宣集』（以下、『託宣集』）によると八幡神出現のクライマックスは次の通りです。

　　欽明天皇の敷城島金刺宮で天下を治めていた戊子年（568）、宇佐郡厩峯と菱形池の間に鍛冶翁が降り立った。それを見ようとして近づくものが5人あれば3人が死に、10人あれば5人が死んだ。きわめて奇異なことであった。
　　そこで大神比義は食を絶ち、すなわち御幣を捧げ「君汝神ならば我が前に顕るべし」と3年間祈り続けた。すると欽明天皇32年（干支は辛卯）、竹の葉に乗った3歳の童子が大神比義の前に現れ、"辛国の城に始めて八流の幡と天下って、吾は日本の神と成れり"と言った。この神こそ第16代誉田天皇（応神天皇）である。

　大神比義第22代の家に生まれた神吽が『託宣集』の執筆にとりかかったのは第9代執権北条貞時の治世下の60歳の時です。それまで神吽は宇佐八幡宮弥勒寺の学僧を勤めていました。そして24年後の第12代執権北条熙時の時代に全16巻を稿了し、その翌年神吽は死去します。
　神吽の『託宣集』執筆の動機は43歳の時に体験した第8代執権北条時宗の治世下（1251-1284）の蒙古襲来と言われています。元・高麗軍は文永11年（1274）10月20日壱岐・対馬から博多湾一帯を襲いました。ちょうど日蓮が佐渡の流刑から赦免されて9ヵ月後のことです。元・高麗軍は、

再度 7 年後の弘安 4 年（1281）5 月 21 日対馬・壱岐を侵略しますが、翌月の 6 月 6 日から 132 日にかけての志賀島上陸に失敗します。

蒙古襲来については、鎌倉末期に成立した石清水八幡宮の霊験記『八幡愚童訓』に詳しく、書き手は石清水八幡宮の社僧ではないかと言われています。その内容は主に神功皇后の三韓征伐や八幡大菩薩（応神天皇）の力によって平定されたことなどからなっています。

当時、八幡神は武士団の神、国家鎮護の神としてその影響力は頂点に達していました。伊勢神宮が天皇家の宗廟であるのに対し、宇佐宮は国家存亡の危機に対しての効験が期待されていました。

　※国家存亡の危機と日蓮

ところが、蒙古の軍勢が大挙侵攻してくるという弘安 3 年（1280）の 11 月鶴岡八幡宮が火災で炎上します。国家存亡の危機を憂いた日蓮は「八幡大菩薩は日本に正直な人がいない故に、宮を焼いて天に上った」と訴えました。

日蓮は「八幡大菩薩は日蓮を迫害する為政者を罰せずに却って守護を加えた科によって梵天・帝釈天の罰を被った」と八幡神を批判しました。「しかし八幡大菩薩の本地は釈迦如来なので垂迹は日本国に生まれて正直の頂に宿る。であれば大菩薩が今宝殿を焼いて天に上ったとしても、法華経の行者が日本国にいるならばそこに棲むだろう」と日蓮は八幡神を擁護します。

法華経の経文によれば、「南無妙法連華経」と唱えるならば大梵天・帝釈天・日月・四天王が昼夜守護するはずです。梵天と帝釈天は 1 対として祀られることが多く、両者併せて「梵釈」と呼ばれます。最初、釈迦牟尼の悟りを広めることをためらった梵天と帝釈天ですが、後、釈迦の教えを広めるようになったからです

梵天・帝釈天に仕える四天王の像は四天王寺や法隆寺、東大寺戒壇院などが有名です。物部氏との仏教戦争（587 年）で勝利した厩戸皇子（聖徳太子）が四天王寺を造り、蘇我馬子は法興寺（飛鳥寺）を造ったことは

『日本書紀』にも書かれています。

「天照大神・正八幡宮等は我が国の本主である」と言っても、日蓮にとってアマテラスや八幡神は日本でこそ重んじられるが、梵天・日月・四天王にくらべれば「娑婆世界の一角にすぎない日本の主」という以上のものではありませんでした。

しかし"八流の幡と天下って吾は日本の神と成れり"と宣言した八幡神が応神天皇であるならば、鎌倉時代の北条氏も八幡太郎義家を祖とする足利・新田・佐竹・武田氏も、前者は平氏、後者は源氏の臣籍降下の皇子を出自とし、桓武天皇を源流（始祖）とすることでは同じです。そして天智系桓武天皇も天武系聖武天皇も元はと言えば応神天皇を祖とすることでは同じです。

そこで八幡神の誕生と由来についてもう少し具体的に論証しなければ、初期律令国家の藤原不比等の死後（721年）の『続日本紀』に書かれた孝謙天皇と藤原仲麻呂や道鏡との関係、光仁・桓武天皇のエミシ侵略38年戦争など、激変する当時の歴史を理解することができません。

※八幡神社の祭神は応神天皇

通説では八幡の神は馬城嶺（宇佐神宮の東南約6kmに位置）の頂上にいましたが、後に山麓に下って菱形池近くの小椋宮に移ります。馬城嶺は御許山と言われ、馬城嶺の頂上には3つの巨石があり、この3つの巨石を神体とする信仰が原始の八幡信仰であったと言われています。

『八幡宮の研究』の著者宮地直一（1886-1949）によれば、八幡神の出現についてのおおよその史料は欽明天皇32年（572）です。しかし宮地直一は天平年間（729-766）まで八幡神が国史（『日本書紀』）に現れないのはなぜかと疑問を呈します。では、宮地直一がいう国史、いわゆる正史に初めて八幡神が登場したのはいつ、誰の時代でしょうか。

現在日本の全国津々浦々の約8万の神社の半分を応神天皇を祭神とする八幡神社が占めています。「八幡」のつく歴史上の有名な人物は八幡太郎義家という頼朝・義経兄弟の先祖にあたる武人です。八幡神社の中で一番

矢神八幡神社

古くて大きい神社は九州大分にある宇佐八幡宮です。次に古いのが京都府八幡市の石清水八幡宮、そして鎌倉の鶴岡八幡宮の順番です。いずれも「八幡神社」とも「八幡宮」とも呼ばれますが、祭神の主は応神天皇です。石清水八幡宮は天皇家と藤原氏、鶴岡八幡宮は河内源氏の2代目源頼義が石清水八幡宮を鎌倉に鶴岡若宮として勧請したのが始まりです。

　1番古い宇佐八幡宮は冒頭の『託宣集』に書かれているように、欽明天皇に派遣された大神比義が応神を祀ったのが最初と伝えられています。しかし『日本書紀』には大神比義のことも八幡神のことも一切書かれていません。

　八幡神は渡来の神と言われ、神体が菩薩形（僧形）の宇佐八幡神が神と仏のいわゆる神仏習合の典型とされています。八幡神が渡来の神であるとわかったのは、在野の古代史研究者石渡信一郎が今から30年前の『日本古代王朝の成立と百済』（私家版、1988年）で「応神天皇は百済から渡来した王子昆支である」と提唱してからです。

　❖人にして神、神にして人

　神仏習合の神宮寺は、日本では神社に附属して建てられた仏教寺院か仏堂とされていますが、神が先か仏が先かあるいは仏のほうが強いのか弱いのかはっきりしていません。欽明天皇の仏教公示（538年）を契機に外来の仏か古来の神かをめぐって、蘇我稲目と物部御輿・中臣鎌子が争ったことが『日本書紀』に書かれています。

　しかし八幡神が渡来の神かもしれないという研究者がいるとしても、一方では八幡神＝応神は、渡来の神や他国の神を祭神とするはずがないと思わせるのに十分なほど日本各地の大小の村や町に祭られ、そして永い間、四季折々の祭りを通して日本人の心のなかに深く染み込んでいます。

不思議なのは、応神は神武・崇神と同じように「神」のつく「人にして神、神にして人」の第16代の天皇として古代歴代天皇のなかでも主役であるにもかかわらず、日本の正史『日本書紀』(720年成立)に「八幡」という名の神はただの一度も登場していないことです。

『日本書紀』は神武を初代とし持統を第41代の天皇とするアマテラスを祖とする万世一系の天皇家の物語です。このことで思い出しましたが、応神の生みの親で「神」の名のつ

沼館岩宿の坂上田村麻呂と源義家の首塚神社

く気長足姫尊という和風諡号をもつ神功皇后がいます。神功は夫の仲哀天皇の死後69年もの長い間天皇の代わりを務めていますが、41人の天皇のなかには入っていません。

この神功皇后も応神天皇や比咩神と一緒に八幡神社の祭神として祭られています。八幡神=応神は石清水八幡宮や鶴岡八幡宮では中央に位置していますが、宇佐八幡宮では中央に位置するのは比咩大神です。しかし左右、順番に違いがあるとしても八幡神社には応神・比咩神・神功がセットで祀られているのが普通です。

2 鹿嶋送りと八幡神社

❖雄物川流域の鹿嶋流し

先述しましたように私は石渡信一郎の著作『日本古代王朝の成立と百済』のなかの「隅田八幡鏡銘の日十大王としての昆支」という見出しを見るまでは、八幡神社は八幡太郎義家を祀る神社ではなく、義家や父の頼義や祖父の頼信が応神天皇を祀ったとは知りませんでした。

私が少年時代に過ごした土地は、横手盆地のほぼ中央を東西に走る本荘

沼柵跡

三吉山からみた雄物川上流

街道と出羽山地沿いを北流する雄物川が交差する右岸の秋田県平鹿郡福地村深井(横手市雄物川町深井)という名の集落です。横手盆地は北部(大曲)の仙北平野、中南部(湯沢)の平鹿平野からなる東西 16 km、南北 60 km の盆地です。湯沢(秋田)・新庄(山形)間は院内峠を越えて JR 奥羽線で結ばれ、国道 107 号線の本荘街道は本庄から出羽山地・横手盆地を横断して陸中海岸の大船渡(岩手)につながっています。

　湯沢と真室川町(山形)の県境付近の大仙山を源流とする雄物川は栗駒西側山麓を源流とする役内川・皆瀬川・成瀬川、そして出羽山地から流れ出る西馬音内を集めて出羽山地沿いに流れ、三吉山の麓で水深 3 m になります。

　雄物川橋(旧本荘街道にかかる橋)の袂の山肌が露になった 5 m ほどの三吉山に上ると、横手盆地と雄物川上流の奥羽山脈と出羽山地がつくる峡谷(湯沢・増田方面)を見渡すことができます。しかし盆地の空は鳥海山から立ち上る雲にたちまち蔽われ、一面の田畑はまもなく積雪の多い冬景色に変わります。

　私が小学生の頃は横手・本荘間を 1 日何本かのバスが砂埃をあげて走っていました。本荘街道沿い北側にある 3 つの小路に入ると八幡神社の社殿裏の広々とした雄物川の河原に出ることができます。雄物川橋の上流に木材を組んで作られた堰堤を越える川の音は夜も昼も深井集落に響き渡っていました。

　鹿嶋祭りには八幡神社の境内に据えた山車に家々で想い思いに真菰で

作った武者姿の鹿嶋人形を持ち寄ります。山車は夕刻時に笛と太鼓と囃子に合わせて踊る 12、3 歳の少女たちを載せて村を一周したあと、八幡神社の裏の河原から鹿嶋人形が流されると夏が始まります。

子どもたちが夏の水浴び場にしている岩場に馬の蹄のような跡が点々と 200 m も続いているのを八幡太郎義家の軍勢が通った跡だと物知りの先輩に教わりました。その岩場から下流 2 kmほどのところに義家が攻めあぐんだという沼の柵が見えました。そこにも大きい沼館八幡神社があり、雄物川左岸の小高い山の中腹に鎮座する矢神八幡神社からは天気のよい日には奥羽山脈の麓に金沢柵の森が見えます。

鹿嶋送りは藤原氏が武甕槌大神を祭神とする鹿嶋神宮がエミシ（蝦夷）討伐に行った儀礼が五穀豊穣の祭りに変化したものと考えられます。それがなぜ雄物川流域の村々で盛んになったのかはわかりませんが、秋田城の反乱や桓武天皇エミシ 38 年戦争や八幡太郎義家の奥州遠征の影響かもしれません。

源義家は後三年の役では沼柵から金沢柵に移った清原家衡・武衡を数万の兵を集めて攻めたて、金沢柵はあえなく落城して家衡・武衡は晒し首にされます。もしかしたら真菰で作る鹿嶋人形は八幡神の託宣を受けた豊前国司宇努首男人が隼人をおびき出すために使った傀儡子人形の影響もあるのかもしれません。

❖宇佐八幡宮の放生会

鹿嶋送りは征服者と被征服者の長い年月をかけた和解と習合と懺悔の儀式が簡略化されたものと考えられます。隼人は傀儡子を見て戦いを中止にしたために殺戮されたと言い伝えられています。隼人殺戮に用いたという 50 数体の傀儡子は英彦山（福岡県田川郡添田町と大分県中津市山国町にまたがる標高 1199 m）を水源とする周防灘に注ぐ山国川右岸の古要神社（大分県中津市大字伊藤田）と左岸の古表神社（福岡県築上郡吉富町大字小犬丸）に祭神として祭られています。

古要神社では 3 年に 1 度 10 月 12 日に傀儡子舞と傀儡子相撲、古表神社

国道107号線浅舞・樽見内にある小勝田沼の鹿嶋人形

では4年に1度細男舞(傀儡子の舞)と東西各10体の神相撲が催されます。2社の傀儡子は、毎年7月後半に始まり8月15日をクライマックスとする宇佐八幡宮の放生会にも参加します。

　宇佐宮の放生会は八幡宮の東北5kmの和間浜の浮殿和間神社の前を流れる川や海に蜷(巻貝)を放生します。この宇佐八幡の放生会の蜷は八幡神軍に殺戮された大隅・日向の隼人の霊を意味し、八幡神の懺悔と鎮魂の儀礼は各寺や神社で行われる放生会のなかでもっとも古いとされています。

❖百済王子昆支渡来の史実

　百済は高句麗・新羅と同じ騎馬民族ツングース系扶余族がつくった国ですが、唐と新羅の連合軍によって660年に滅びました。その百済の都漢城(現・ソウル)で生まれた王子昆支は、475年高句麗の侵略によって百済が南の熊津(現・忠清道公州市)に遷都する15年前の461年加羅系崇神王朝の倭王済に婿入りします。王子昆支(余昆)が21歳、弟の余紀が11歳の時です。

　昆支王渡来の史実は『日本書紀』雄略天皇5年(461)条に書かれていますが、歴史学者も研究者も百済の昆支王が倭国で大王(天皇)になったことに、在野の古代史研究者石渡信一郎を除いて気がついてはいません。

　大阪府羽曳野市の全長425mの古墳は応神陵とも誉田陵とも呼ばれています。応神陵は大きさでは堺市の仁徳陵に次ぐ巨大古墳ですが、誉田陵と仁徳陵は東西わずか15kmも離れていません。

近鉄南大阪線の土師ノ里駅のすぐ北側に允恭天皇陵（市野山古墳）があり、南側に応神天皇の后仲津媛陵（仲ツ山古墳）があり、その南に接しているのが応神天皇陵（誉田陵）です。そして南向きの允恭天皇陵の墳丘部に接して国府八幡宮、仲津山古墳のすぐ北西に沢田八幡宮と古屋八幡宮、そして応神陵の墳丘部前に誉田八幡宮が鎮座しています。

　日本で1番目か2番目に大きい仁徳陵と応神陵に百済からやってきた2人の兄弟の王子が埋葬されているとは誰も想像さえしませんでした。日本古代国家は新旧2つの渡来集団によって建国されたという石渡信一郎の仮説は、奈良県と和歌山県の県境を流れる紀ノ川上流右岸の隅田八幡神社（和歌山県橋本市隅田町垂井62番）に伝えられた国宝人物画像鏡銘の「日十大王」が応神陵の被葬者と同一人物であることが解読されることによって論証されたのです。

3　エミシは異人種か

※新旧2つの渡来集団による建国

　石渡信一郎が指摘するように日本古代国家が新旧2つの渡来集団によって4世紀中頃から5世紀にかけて建国されたのであれば、東北や北海道を中心に住んでいた縄文人やエミシ・アイヌとの関係がどのようなものであったのでしょうか。

　たしかに石渡信一郎が都立高校の教師を辞職して札幌に移住したのはアイヌ研究のためでした。事実、氏の著作には『アイヌ民族と古代日本』（1984年）、『古代蝦夷と天皇家』（1994年）、『古代国家と部落の起源』（1994年）があります。

　『日本書紀』敏達天皇10年（581）条のエミシの魁師綾糟が天皇に招かれて三輪山に向かって盟約する記事、また斉明天皇4年（658）阿倍比羅夫が日本海を北上して秋田・能代のエミシに降伏を誓わせる記事があります。

敏達天皇のはるか以前にもエミシの記事が少なからずあり、特に景行天皇（在位71-130）のエミシ討伐のため息子の日本武尊を派遣して熊襲国の八十猛やエミシを討伐する話は、先住民を侵略・支配することを意味する以外のなにものでもありません。エミシは朝廷にとって未征服の地の同じ人種なのか、それともすでに植民地化した地域の異民族なのでしょうか。

　文武天皇元年（697）から桓武天皇の延暦10年（791）までの95年間の歴史書『続日本紀』は、エミシ攻略と植民と移配の記事を系統的に載せています。光仁天皇宝亀5年（774）に始まり、嵯峨天皇弘仁2年（811）に終わる対エミシ38年戦争は律令国家の最大の国策であったはずです。

　このように『日本書紀』と『続日本紀』の2つの歴史書にある大きなギャップ（隔たり）があるのはなぜでしょうか。しかも「八幡」の文字が初めて登場するのは『続日本紀』の聖武天皇天平9年（737）4月1日条です。この年は大宰府に天然痘が発生した年であり、陸奥の按察使大野東人が「男勝村を攻略して秋田柵までの最短距離の道路を造りたい」と報告した年です。

　八幡神はエミシの攻略と植民・移配政策に関係があるのでしょうか。八幡神は律令国家が日本を名乗る前に存在したのでしょうか、しなかったのでしょうか。この問題は本書の大きなテーマです。

　八幡神の研究で大きな業績をあげた中野幡能は、八幡神（応神の霊）が出現するもっとも古い史料は嵯峨天皇の弘仁12年（821）8月15日の太政官符に引用された弘仁6年（815）の大神清麻呂解状としています。

　弘仁6年は桓武天皇の対エミシ38年戦争が終わって4年目であり、弘仁12年（812）は嵯峨天皇（在位809-823。桓武天皇の第2皇子）の時代で藤原冬嗣が右大臣になった年です。その翌年嵯峨天皇は空海に命じ東大寺真言院を建立させます。

※仏教流入と八幡神

　ところで中野幡能の師である宮地直一は、欽明天皇以来、斉明天皇の行幸（白村江の戦いのために九州遠征）もあるのに八幡宮に訪れていないの

は八幡宮がなかったことの証拠になるかもしれないと疑問を呈しています。そして宮地博士は神の出現を欽明天皇の時代とするのは八幡宮が仏教と親密な関係を結んだ結果として表れたものであるから、その創立を仏教流入の欽明朝（在位540-571）におくのが得策だろうと指摘しています。博士の指摘する「仏教の流入の欽明期」は、おそらく欽明天皇３年（538、干支は戊午年）の百済聖明王が仏像・経綸を送った、いわゆる「仏教伝来」を指しているのでしょう。

　ちなみに仏教伝来は552年と538年の２説がありますが、現在では538年説が有力です。538年説は元興寺縁起・上宮聖徳法王帝説にもとづき、552年説は『日本書紀』欽明天皇13年の記事に依拠しています。しかし欽明の即位を531年とし、安閑・宣化は即位していないという説も有力です。本書は欽明の即位を531年とする石渡信一郎説に依拠しています。

4　欽明天皇＝ワカタケル大王

※ワカタケル大王の寺

　新たな史実が明らかになっています。稲荷山鉄剣銘文の「獲加多支鹵大王寺在斯鬼宮時」（ワカタケル大王の寺、シキの宮に在る時）の「斯鬼宮」について、石渡信一郎はこれまでの見解を修正し、この「斯鬼宮」は「大和橿原の明宮」ではなく、現在の近鉄南大阪線の土師ノ里駅に近い允恭天皇陵（市野山古墳）北側に隣接する藤井寺市総社の地（総社２丁目の国府遺跡）としています。国府遺跡に接して西側に志紀県主神社が鎮座しています。

　志紀県主神社は神八井耳命（神武天皇の皇子で志貴県主一族の祖神）を祭神としていますが、『日本書紀』綏靖天皇こと神渟名川耳命（神八井耳命の弟）２年条に「五十鈴依媛を皇后とした」とあり、その異伝として「磯城県主の娘川派媛という」とあります。

　また『古事記』「綏靖紀」には「師木県主の祖、河俣毘売」とあります。

石渡信一郎は「カハマタヒメ（川派媛）の名カハマタ（川派・川俣）は河内の石川と大和川の合流地点の呼称であり、磯城県主・師木県主は大和の磯城県主ではなく、河内の志紀県主とみられる」と指摘しています。

石渡信一郎によれば「磯城県主の娘川派媛」は、倭の五王「讃・珍・済・興・武」の「倭王興の娘弟媛」を意味し、この弟媛は晩年の応神＝倭王武（昆支）と結婚して欽明＝ワカタケル大王を生んでいます。

※船首王後墓誌

聖武天皇の大仏建立のきっかけとなった廬舎那仏の知識寺址は国府遺跡の北を流れる大和川対岸（右岸）の柏原市大平寺2丁目とされています。その知識寺東塔の心礎が南東100ｍの岩神社（熊野権現）の境内に移されていることから、ワカタケル大王の寺と知識寺の関係が想定されるばかりか、事実、この一帯は古来仏教寺院が多く建立されています。

現在、JR関西本線（西側）と近鉄大阪線（東側）がJR柏原駅から百済系渡来人の高井田横穴群を背後に控えるJR高井田駅の近くまでほぼ平行に走っていますが、その距離は約2ｋｍほどです。柏原市発行の「ウォーキングマップ」によると近鉄大阪線安堂駅の北東約500ｍに知識寺跡と石神社があります。

近鉄大阪線に沿って北の法善寺駅から南の高井田まで平野廃寺（三宅寺跡）・大県廃寺（大里寺跡）・大県南廃寺（山下寺跡）・太平寺廃寺（知識寺跡）・安藤廃寺（家原寺跡）・高井田廃寺（鳥坂寺跡）の6寺が生駒西山麓に集中しています。鳥坂寺跡地に立って西方を眺めると大和川の向こうに応神陵や中津山古墳が一望できます。

江戸時代に大和川対岸（左岸）の大阪府柏原市国分松岳山古墳から発見された「船首王後墓誌」には「舒明天皇の末年、辛丑12月、松岳山の上に葬った」という表裏合わせて計162字が刻まれています。

「船首王後墓誌」の出土地柏原市国分の松岳山古墳群は高井田方面からは大和川にかかる国豊橋を渡って近鉄大阪線河内国分駅を背に東北方向約1ｋｍの丘陵にあります。丘陵南斜面に国分神社が鎮座し、祭神は飛鳥大神

と呼ばれ、百済の混伎王とされています。

この「船首王後墓誌」銘文からわかったことは『続日本紀』延暦9年（790）7月条に、菅野真道（『続日本紀』の編纂者）が「自分たちは百済人であり貴須王の5世の子孫である午定君には、味沙・辰爾（智仁）・麻呂（牛）の3子があり、それぞれ白猪（葛井）、船、津の先祖である」という上表文を残していることです。

※天智天皇と天武天皇

「船首王後の墓誌」銘文中の「王智仁」と菅野真道による上表文の「辰爾」が『日本書紀』敏達天皇元年（572）5月条の「王辰爾」と同一人物であることがわかっています。よく知られている箇所ですが念のため引用します。

　　　天皇（敏達）は高麗の上表文をとって大臣（馬子）に手渡した。多くの史を招集して解読させたが、3日かかっても、誰も読めなかった。ここに船史の先祖王辰爾という者がよく読み解いた。天皇と大臣は辰爾を共に賞賛して「見事だ。もし、お前が学問に親しんでいなかったら、誰が解読できたであろか。これからは殿中に近侍せよ」と言った。

ところで石神社の祭神は宣化天皇の長女石姫です。石姫は欽明天皇の正妃となり箭田珠勝大兄と訳語田淳中太珠敷尊（敏達天皇）を生みます。そして敏達天皇は息長真手の娘広姫との間に押坂彦人大兄と菟道磯津貝皇女を生みます。

ところが彦人大兄は物部守屋と蘇我馬子と仏教戦争に巻き込まれた直後、『日本書紀』からぱったり姿を消します。おそらく馬子（用明天皇＝聖徳太子）の仏教推派に殺害されたのでしょう。

敏達天皇の子彦人大兄は舒明天皇の父です。天智天皇（中大兄皇子）と天武天皇（大海人）はその舒明天皇と皇極天皇の子ですが、しかし舒明天

皇には大王馬子の娘法提郎の間に生まれた古人大兄という天智とは腹違いの兄弟がいます。実は天武（大海人）と古人大兄は同一人物です。しかも天武は天智より年齢が上です。『日本書紀』はよくこの手の分身、虚像を作っています。

　したがって壬申の乱は天武が王位継承権の正統性を主張したことによって起こった内乱です。聖武天皇にとって天武は曾祖父（草壁皇子→文武天皇→聖武天皇）です。仏教戦争で彦人大兄を殺害して蘇我王朝3代（馬子→蝦夷→入鹿）の初代大王となった馬子（用明天皇＝聖徳太子）は仏教を受容（公示）した欽明天皇＝ワカタケル大王の子です。

　聖武の和風諡号「天璽国押開豊桜彦天皇」が、欽明の「天国排開広庭天皇」と酷似していることから、聖武天皇が欽明と馬子の仏教政策を再現しようとしたことは大仏（廬舎那仏）建立（後述）からも伺い知ることができます。

　古代史学界（会）の通説は稲荷山鉄剣銘文の辛亥の年は471年ですが、531年説の石渡信一郎によればワカタケル大王は欽明天皇であって、雄略天皇ではありません。雄略は不在天皇10人の1人です。

　現在の古墳の実年代は辛亥＝471年を基準にしているので、仁徳陵や応神陵の築造年代は450年から470年前後です。471年説は当時寺がなかったことを根拠の1つにしていますが、辛亥年＝531年説に立てば聖武天皇が強い印象をうけたという廬舎那仏が531年の「ワカタケル大王の寺、シキの宮に在る時」とつながっていることは言うまでもありません。

第1章　藤原不比等の子とその孫たち

1　「倭」から「日本」へ

❖「倭国伝」と「日本伝」の相違

　延暦16年（797）に完成した『続日本紀』（以下『続紀』）は、文武天皇から桓武天皇までの95年間の歴史を扱った歴史書です。当初、光仁天皇の命で石川名足、淡海三船らが編纂に従事しますが、途中トラブルのため桓武天皇の再度の命によって菅野真道らによって全40巻が完結しました。

　淡海三船（722-785）は弘文天皇（大友皇子。天智と伊賀采女宅子の子）の祖孫ですが、孝謙天皇天平勝宝2年（751）の臣籍降下で淡海真人の氏姓を賜与され、御船王から淡海三船に名を改めます。『釈日本紀』（鎌倉時代末期の『日本書紀』の注釈書、編者不明）によれば淡海三船はむしろ神武天皇から元正天皇までの天皇の漢風諡号（弘文天皇と文武天皇を除く神武から元正天皇）を一括撰進した文人として知られています。

　ところで『日本書紀』や『続日本紀』の「日本」という呼称が使われるようになったのはいつ頃からでしょうか。

　『旧唐書』（945年成立）という五代晋の時代の劉昫（887-946）による歴史書があります。「倭国日本伝」はこの史書の東夷伝に収録されています。「五代晋」とは唐が907年に滅び、その後北宋が立つ960年の間の後梁→後唐→後晋（936-946）→後漢→後周の後晋をいいます。

　「倭国日本伝」が興味深いのは、「倭国伝」と「日本伝」に書き分けていることです。日中交渉史の研究者大庭脩は、「『倭国伝』と『日本伝』の間の記事の断絶は、言われているような単純な編纂ミスではなく、白村江の戦いと壬申の乱を経た後日本国が成立したとする見解が中国側にあり、

その結論がでないままに記述された可能性がある」と指摘しています。便宜上、「倭国伝」をA、「日本伝」をBとして次に紹介します。

　　A　倭国は古の倭の奴国なり。京師を去ること1万4000里、新羅の東南の大海の中に在り、山島に依って居る。東西5月行き、南北は3月行。世ゝ中国と通ず。其の国、居るに城郭無く、木を以て屋と為す。四面の小島、50余国、皆焉附属す。（中略）

　引用冒頭の「倭国は古の倭の奴国なり」という文言は、西暦57年倭の奴国の王帥升が光武帝から貰った印綬が福岡市志賀島から発見された金印「漢委奴国王」（漢の倭の奴国王）を意味しています。
　「漢倭奴国王」の金印が発見されたという志賀島の記念公園の近くには、いわゆる"蒙古来襲"の文永の役（1274年）で座礁した蒙古兵が志賀島で捕虜となり、120人が斬首されたという首切塚（蒙古塚）が建っています。金印は国宝として福岡市立博物館に展示されています。
　さて、一方の「日本伝」には次のように書かれています。

　　B　日本国は倭国の別種なり。その国日辺にあるを以て、故に日本を以て名となす。あるいはいう。倭国自らその名を雅ならざるを悪み、改めて日本となすと。あるいはいう、日本は旧小国、倭国の地を併せたりと。その人、入朝する者、多く自ら矜大、実を以て対えず。故に中国焉れを疑う。またいう。その国の界、東西南北各々数千里あり、西界南界は咸大海に至り、東界北界は大山ありて限りなし、山外はすなわち毛人の国なり。
　　　長安3年（703）、その大臣朝臣真人、来りて方物を貢す。朝臣真人とは猶中国の戸部尚書の如し。進徳冠を冠り、その頂を花と為し、分けて四散せしむ。身は紫袍を服し帛を以て腰帯と為す。真人、好んで経を読み、属文を解し、容止温雅なり。則天、之を麟徳殿に宴し、司膳卿を授け、放ちて本国に環らしむ。開元（713-741）の初、

又、使を遣わして来朝す。

　AとBの記事からAの「倭の奴国」は九州島を指し、Bの「日本国」は九州を除く四国・本州を指していることがわかります。しかし『旧唐書』「日本伝」（B）の内容をわかりにくくしているのは「倭国自らその名を雅ならざるを悪み、改めて日本となすと。あるいはいう、日本は旧小国、倭国の地を併せたりと。その人、入朝する者、多く自ら矜大、実を以て対えず」という箇所です。

※王子入鹿と争った唐の大使高表仁

　石渡信一郎はこの部分について「遣唐使粟田真人らは日本国と倭国は別の国であり、倭の奴国の後身である倭国の領域は九州島であり、日本国はもと本州にあった小国が九州島の倭国を併合したのだ」と周（唐）側に説明したと推測しています。

　氏の考察によれば唐側が隋書倭国伝や632年の唐高表仁の倭国派遣の記録、663年の白村江の戦いなどで得た情報から「日本国が九州島の倭国を併合した」という粟田真人らの説明に納得しなかったようです。高表仁の倭国派遣の事は『日本書紀』舒明天皇4年（632）と5年（633）条に次のように書かれています。

　　4年8月大唐は高表仁を派遣して三田鍬を送らせた。共に対馬に停泊した。この時、学問僧霊雲・僧旻および勝鳥飼、新羅の送使らが従った。10月4日唐国の使者高表仁らが難波津に停泊した。そこで大伴連宇養らを遣わして江口に迎えさせた。船30艘に、鼓・笛・旗幟で飾った。そうして高表仁らに「大唐の天子の命を受けた使者が、天皇の朝廷を訪れたと聞いて、出迎えるのである」と告げた。

　　すると高表仁は「風の寒い日に、船を飾り整えて迎えて下さるとは、喜びであります」と応えた。そこで難波吉士小槻・大河内直矢伏に命じ、案内役として館の前まで先導させた。また伊岐史乙等・難波吉

士八牛を遣わして、客たちを館の中に案内させた。

　5年1月26日大唐の客高表仁らが帰国した。送使吉士雄麻呂・黒麻呂ら対馬に着くとそこから引き返した。

しかし一方の『旧唐書』倭国伝には次のように書かれています。

　貞観5年（631）、遣使が方物を献じた。太宗はその道中の遠きを不憫に思い、勅使で所司に歳具を無用とさせ、また新州刺使の高表仁を遣わして、節を持して行かせこれを慰撫させた。表仁は慎みと遠慮の才覚がなく、王子と争い、朝命を宣しないで還った。

『日本書紀』は「高表仁一行を船30艘で出迎えた」としていますが、高表仁一行が倭王に会ったとは書いていません。一方の『旧唐書』には「高表仁は王子と礼を争い朝命を伝えず帰った」と書かれています。では高表仁が争った王子は誰か、ということになります。

　しかし当時の大王は蘇我蝦夷ですから、王子は蝦夷の子入鹿しか考えられません（拙著『日本古代国家の秘密』参照）。ちなみに『旧唐書』によれば倭国が新羅の使者を通して倭国の情勢を報告したのは乙巳のクーデタ（645年）から3年後の大化4年（648）のことです。

◈遣唐使派遣の目的

　さて粟田真人ら遣唐使一行の話に戻りますが、唐側（則天武后）の「倭の奴国の後身である倭国が国名を日本と改めた」という主張に、粟田真人らは「日本国はもと本州にあった小国が九州島の倭国を併合したのだ」という自らの報告を訂正したので、則天武后は麟徳殿で饗応し、かつ司膳卿の地位を授け、粟田真人らは本国に帰還することができたというのです。

　また粟田真人ら遣唐使の派遣は対唐・新羅戦争の捕虜を帰国させることも目的の1つだったとする研究者もいます。事実、『続紀』慶雲4年（707）5月26日条には讃岐国の錦部刀良・陸奥国の壬生五百足・筑後国の許勢

部形見らが百済救援（白村江の戦）で捕虜となっていたのを40年ぶりに
粟田真人らが連れ帰ったと書かれているからです。

　それにしても粟田真人らはなぜ「日本」の国名の報告にこれほどまわり
くどい説明をしなければならなかったのでしょうか。石渡信一郎は660年
の百済滅亡を知った中大兄が対唐・新羅戦争に敗北しても百済系倭国が存
続できるように倭国を九州島の倭国と四国・本州を領域とする「日下国」
の二分にし、「日下国」はもと小国で唐・新羅と国交のない国としたのだ
と推定します。

　中大兄にとって九州島の「倭国」が百済復興のため対唐・新羅戦争を起
こしたことにすれば、大敗した場合でも唐に詫び、唐による四国・本州の
「日下国」への侵攻を防ぐことができるからです。詳しくは『邪馬台国の
都　吉野ヶ里遺跡』（石渡信一郎著、信和書房）の「第3章　国名日本誕
生の秘密」をご覧ください。

　ちなみに大宝元年（701）に遣唐使執節使に任命された粟田朝臣真人は、
孝徳天皇の白雉4年（653）に道昭や中臣大嶋の弟安達らともに遣唐使の
一員として同行した環俗の道観その人です。『日本書紀』孝徳天皇白雉5
年（654）2月条に遣唐使第1組121人、第2組120人が派遣されたこと
が記されています。

　その派遣組のなかに道観（春日粟田臣百済の子）や藤原鎌足（内大臣）
の子定恵の名も見えます。定恵はその時の年齢が10歳前後です。してみ
れば大宝元年の粟田真人の遣唐使派遣は藤原不比等政権下において当然の
なりゆきだったのでしょう。

　※「日本」という名の国号
　『続日本紀』に話を戻します。天武天皇の孫で日並知皇子尊（草壁皇子）
の長子文武が即位して4年目の大宝元年（701）正月23日、遣唐使粟田朝
臣真人は、高橋朝臣笠間・坂井部宿禰大分とともに出航します。

　しかし『続紀』大宝2年（702）6月29日条によると、「遣唐使らが去
年九州から出航したが、風浪が激しくて渡海が困難であった。この時に

なってようやく動き出した」と書かれているので、実際、倭国を出航した
のは大宝2年ということになります。

　粟田真人（正四位下）の遣唐使一行の唐（周）滞在は往復の船旅もふく
めて約2年間でした。慶雲元年（704）7月1日粟田朝臣真人が唐から大
宰府に帰着します。次の引用は粟田真人の公式の報告か単なる粟田朝臣の
自慢話なのか区別ができません。しかしこの年の10月9日に粟田真人ら
は文武天皇に会っているので、7月1日の記事は大宰府に到着したときの
非公式の談話に近いものでしょう。

　　初め唐に着いた時、人がやってきて「何処からの使人か」と尋ねた。
　そこで「日本国の使者である」と答え、逆に「ここは何州の管内か」
　と問うと、答えて「ここは大周の楚州塩城県の地である」と答えた。
　　真人が更に尋ねて「以前は大唐であったのに、いま大周という国
　名にどうして変わったのか」というと、答えて「永淳2年に天皇太
　帝（唐の高宗）が崩御し、皇太后（則天武后）が即位し、称号を聖神
　皇帝といい、国号を大周と改めた」と答えた。
　　問答がほぼ終って、唐人がわが使者に言うには、「しばしば聞いた
　ことだが、海の東に大倭国があり、君子国ともいい、人民は豊で楽し
　んでおり、礼儀もよく行われているという。今、使者をみると、身じ
　まいもたいへん清らかである。本当に聞いた通りである」と。云い終
　わって唐人が去った。

「何処から来たのか」と問われ、「日本国」だと答え、すぐ相手に唐の国
名の変わったことを問い質すところは遣唐使一行の自負と矜持がありあり
と浮かびあがってくる場面ですが、粟田真人が30年前に唐を訪れたこと
があることを考慮にいれると納得ができます。しかし肝心の唐（周）側と
の「日本国」についての具体的な交渉については一切触れられていません。
　粟田真人ら遣唐使一行が唐から帰国した704年（慶雲元年）から8年後
の712年（和銅5年）正月28日、太安万侶は元明天皇（在位707-715。天

智天皇の第4皇女、草壁皇子の妃。文武天皇を産む）に『古事記』提出の
上表文（序文）を書きます。

　当時、「記紀」（『古事記』と『日本書紀』）編纂の一員と考えられる太安
万侶が、藤原藤不比等政権がアマテラスを祖とし神武を初代天皇とする歴
史『日本書紀』を創作中であり、粟田真人ら遣唐使の派遣が国名「日本」
を使用することの報告と了解を得るためであることを知らないはずはあり
ません。

　※太安万侶の『古事記』序文

　しかし太安万侶が『古事記』提出の上表文を書いたことなど『続紀』に
は微塵も触れられていません。『日本書紀』編纂途中の藤原武智麻呂（藤
原不比等の長子。記紀編纂の責任者）らは、『古事記』は『日本書紀』と
直接関係ないものとして隠蔽したのでしょう。

　しかも父が天智天皇、母が蘇我倉山田石川麻呂の娘姪　娘、夫が草壁皇
子、子に氷高皇女（元正天皇）・軽皇子（文武天皇）・吉備内親王（長屋王
の妻）をもつ元明天皇が天武・持統の遺志を一挙に背負っていたことなど、
壬申の乱で大きな功績をあげ、かつ天武天皇の覚えもめでたい多臣品治の
子安万侶はあまりにも知りすぎていたからです。

　太安万侶は『古事記』序文の最後に神武天皇を「神倭伊波礼毘古天皇」
と記しています。『古事記』の「やまと」が「倭」になっているのと、『日
本書紀』の「神日本磐余彦天皇」が「日本」となっているのは大きな違い
です。

　神武をのぞくいわゆる「欠史八代」8人の天皇のうち綏靖・安寧・孝昭
以外は「日本」がついています。『古事記』は「倭」で統一されています。
太安万侶の序文は「日本」が「日下」や「日十」（隅田八幡鏡銘文の「日
十大王」）から成ったことを知らせようとした暗号かもしれません。

　石渡信一郎によれば『日本書紀』の編纂期間（691-720）は、Ⅰ期（691-
704）、Ⅱ期（705-711）、Ⅲ期（712-720）と分けることができます。702年か
ら704年にかけて行われた唐側（則天武后）と遣唐使粟田真人との「倭か

日本か」の国名決定の交渉過程において、中国側の主張によりⅠ期（日本）
→Ⅱ期（倭）→Ⅲ期（日本）と変遷します。

　であれば712年に成立した『古事記』は、Ⅱ期後半の『日本書紀』の稿
本に基づいて書かれたものと考えることができます。『日本書紀』の神武
や孝霊の和風諡号が「神日本磐余彦」「大日本根子彦太瓊」と書かれてい
ることからも「日本」を使用することが決定したのは次の遣唐使多治比
県守（665-737）が帰国した718年の翌年からです。

　ちなみに2004年10月に中国で発見された遣唐使の留学生井真成（日
本名は葛井真成か井上真成の両説あり）は、養老元年（717）の多治比県守
遣唐使一行の留学生です。一行のなかには学問僧玄昉や留学生吉備真備
（695-770）・阿部仲麻呂がいます。井真成は「船氏王後墓誌」に刻まれた
百済系渡来人の白猪（葛井）と同族か子孫と考えられます。

　『続日本紀』和銅4年（711）4月5日条に「従五位下の太安万侶らほか
6人が正五位上に任じられ、この日は、藤原不比等の子武智麻呂・房前が
従五位下から従五位上に任じられた」と記されています。和銅4年の太安
万侶の昇進は『古事記』撰録の功績によるものですが、見方を変えれば太
安万侶が藤原不比等の意向を十分に受け入れたからでしょう。

　ちなみに『続日本紀』和同元年（708）4月20日条に「従四位下の柿本
朝臣佐留が卒した」という記事がありますが、柿本人麻呂が流刑地で没し
たことを指しているのでしょう。太安万侶も人ごとではありません。不比
等の娘宮子と文武天皇の間に生まれた孫の首皇子（聖武天皇）の皇位継承
の緊張関係のなかにおかれた太安万侶の立場は推して知るべきです。

　❖『古事記』偽書説

　従来、太安万侶による『古事記』偽書説があります。しかし和銅5年
（712）の多臣品治の子太安万呂による元明天皇への『古事記』献呈の話は
本当ではあったが、『古事記』編纂の過程において太安万侶は時の権力者
藤原不比等の完全なる制約下にあったと考えざるをえません。そのことは
太安万侶の墓が天智系光仁天皇の墓の近くに発見されたことからも明らか

です。

　太安万侶は藤原不比等の下で従属的な役割を十分果たすことによって、その生存中は藤原不比等と不比等の子の武智麻呂・房前・宇合・麻呂4兄弟のいずれか、不比等の死後はおそらく長子の武智麻呂か次男房前に保護厚遇されたものと推測できます。

　ここで太安万侶の『古事記』序文の最後の部分を引用して、太安万侶の意図するところを読者の皆さんに想像していただきたいと思います。なぜかといえば「氏においては『日下』をクサカと訓ませ、名で『帯』の文字をタラシと訓ませるなど」という箇所は、隅田八幡鏡銘文の「日十大王」の「日十」のことや、『隋書』倭国伝の「姓は阿毎、字は多利思比孤」の「阿毎」と「多利思比孤」の「多利思」を連想させるからです。

　　しかしながら、上古においてはことばもその意味も、もともと飾り気がなくて、文章に書き表しますと、どういう漢字を用いたらよいか困難なことがあります。すべて訓を用いて記述しますと、字の意味と古語の意味とが一致しない場合がありますし、そうかといって、すべて音を用いて記述しますと、字の意味の古語の意味とは一致しない場合がありますし、そうかといって、すべて音を用いて記述しますと、文章がたいへん長くなります。それゆえ、ここでは、ある場合は一句の中に音と訓を混じえて用い、ある場合は1つの事柄を記すのに、すべて訓を用いて書くことにしました。そして、ことばの意味のわかりにくいのは注を加えて明らかにし、事柄の意趣のわかりやすいのには別に注はつけませんでした。また氏においては「日下」をクサカと訓ませ、名で「帯」の文字をタラシと訓ませるなど、こういう類例は従来の記述に従い、改めませんでした。おおむね書き記した事柄は、天地の始まった時からして、小治田の御世（推古天皇）に終わります。

2 律令国家日本と八幡神

※右大臣藤原不比等の権力基盤

　太安万侶が序文をそえて元明天皇に『古事記』を撰上した和銅5年（712）は、天武と持統の子草壁皇子の正妃元明が即位して5年目の年にあたり、時の左大臣は石上麻呂（640-717。物部宇麻呂の子、壬申の乱では大友皇子の側につく）、右大臣は藤原不比等（藤原鎌足の子）です。

　この年（和銅5）の9月23日の太政官報告にエミシに対する次のような方針が盛り込まれます。この太政官報告は対外的に（唐に対して）「日本」という国号を報告した手前、本格的にエミシの地を征服しようとする意気込みが感じられます。

　　国を建て領土を広めることは、武功として尊ぶところです。そもそも北辺の蝦夷は遠く離れていて、地が険しいことを頼みとし、正気でない行動をとり、しばしば辺境を驚かします。そこで官軍が雷のごとく痛撃しましたので、凶賊は霞のように消えて賊の地は安らかとなり、皇民（公民）はわずらわされることがなくなりました。この機に乗じて、ここに一国を置き、国司を任じて、永く人民を鎮撫して頂くことを望みます。（『続日本紀』）

　ところでこのような政策を打ち出す太政官の組織・機構について簡単に説明しておきます。太政官は中務省、式部省、民部省、治部省、兵部省、刑部省、大蔵省、宮内省の8省を統括する現代の内閣のようなものですが、決定機関である議政官は太政大臣、左大臣、右大臣、大納言、中納言、参議によって構成され、天皇の諮問に応えます。

　大宝元年（701）3月に決まった議政官は、大宝令の発足により中納言の官職が廃止され、左大臣丹治比人嶋・右大臣阿倍御主人・大納言石上麻呂・大納言藤原不比等・大納言紀麻呂の5人です。

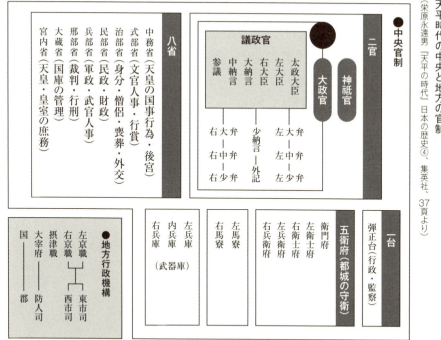

　言って見れば大氏族の氏長から選ばれています。しかし5人ではその他の氏族の意向が反映されないので、大宝2年（702）5月、大伴安麻呂、下毛野古麻呂、粟田真人、高向麻呂、小野毛野の4人が新たに加わります。

　そして3年後には、いったん廃止した中納言が復活し、粟田・高向・阿倍宿奈麻呂が中納言になり、大納言の定員は4から2に減りますが、後「参議」というポストが新たに追加されます。

　和銅5年（712）当時の太政官は左大臣石上麻呂、右大臣藤原不比等、大納言大伴安麻呂、中納言小野毛野・阿倍宿奈麻呂・中臣意美麻呂、左大弁巨勢麻呂、右大弁石川宮麻呂という構成でひとまず落ち着きます。しかし太政官は実質上、文武天皇と夫人藤原宮子（藤原不比等の娘）の間に生まれた首皇子の外戚（天皇の母の一族）で右大臣の藤原不比に権力が集中します。

※按察使上毛野広人の殺害

　元正天皇霊亀2年（716）9月、藤原不比等を長とする初期律令国家は陸奥国の置賜・最上の2郡および信濃・上野・越前・越後の4国の民100戸を北の出羽国に移住させます。この公民身分の柵戸移住政策はさらに続き、出羽国への移住は総計で1300戸に達します。

　1戸平均7人の家族構成とするとその数は約9000人になります。奈良時代の日本の人口は約450万から650万人、平城京の人口をおおよそ10万人前後とみて出羽国への植民数は短期間の移住としては決して少なくありません。

　元正天皇養老4年（720）はエミシ対策の第2ステージの始まりです。この年は舎人親王（676-735。天武天皇の皇子、淳仁天皇の父）が『日本書紀』の編纂を完成させますが、右大臣藤原不比等が亡くなります。

　時の最大の権力者藤原不比等の病死（8月3日）に呼応して起きたのかどうかはっきりしませんが、この年2月4日隼人が反乱を起こし、大隅国守陽侯史麻呂を殺害します。対して政府は大伴旅人（665-731）を征隼人持節大将軍に任命し、笠原御室、巨勢真人を副将軍にします。

　さらに9月28日東国にエミシの反乱が起き、按察使上毛野広人が殺害されます。政府は翌日の9月29日播磨の多治比県守を持節征夷将軍、下毛野石代を副将軍に任じ、阿倍駿河を持節鎮狄将軍将軍とします。

　ちなみにエミシに殺害された按察使上毛野広人は和銅元年（708）従六位上から3進昇進して従五位下、和銅7年（714）3月に従五位上に叙されています。そして元正天皇養老4年（720）正月に正五位下に昇進します。上毛野広人の殺害は按察使としてエミシ征圧に深くかかわったからでしょう。

　ここでエミシの反乱で殺害された上毛野朝臣広人の「正五位下」という律令の位階制度について述べておきます。位階は一位から三位まで6段階（正・従）があり、その下は四位から八位まで20段階（正の上・下、従の上・下）です。四位だけをみても正四位上→正四位下→従四位上→従四位下の序列があります。

第1章　藤原不比等の子とその孫たち

親王と内親王は一品から四品で別格扱い、諸王・諸臣は正一位から従三位の6段階です。官人のうち五位以上は貴族で約120人前後、三位以上を「貴」とし、四・五位のものを「通貴」とします。五位と六位との差は大きく、乗り越えることのできるのは貴族の子弟に限られます。

したがって正四位下の上毛野朝臣広人のエミシによる殺害は平城京の官人に大きな衝撃を与えました。養老4年6月17日の元正天皇の詔(みことのり)は朝廷の苦境を物語っています。

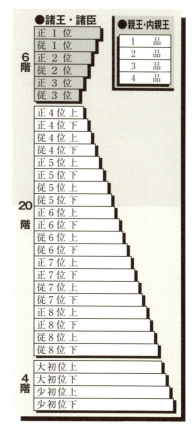

律令の位階制度（栄原遠男『天平の時代』日本の歴史④、集英社、67頁より）

　蛮夷(ばんい)が災いをもたらすことは昔からあることである。漢では5人の将軍に命じて驕(おご)る匈奴(きょうど)を臣服(しんぷく)させた。周王は自ら2度征討を行い、荒々しい賊を王のもとに朝貢させた。いま西の辺境の小賊（隼人）が反乱を起こし、天皇の導きに逆らって良民に危害を加えている。

　そこで持節将軍・正四位下・中納言兼中務卿の大伴宿禰旅人を派遣して、その罪を誅罰し隼人の拠点を一掃させた。旅人は武器を整え、兵を率いて凶徒を掃討したので、蛮人の首領は捕縛され下僚に命乞いをし、争って良い風俗に従うようになった。しか将軍は原野に野営してすでに1ヵ月にもなった。時候はもっとも暑い時であり、どんなにか苦労したことであろう。よって使者を派遣して慰問させる。

大伴旅人征討将軍の代わりに将軍となった豊前国司宇奴首男人(うぬのおびと)が、八幡

35

神の託宣を受けて祝大神諸男と禰宜辛島勝波豆米と僧法蓮の助力よって隼人を打ち破ったことは鎌倉時代の『八幡宇佐宮御託宣集』から知ることができます。

『続紀』元正天皇養老5年（721）6月3日条によると「法蓮は心が禅定に達し、医術に詳しく民の苦しみを救済している。立派なことである。このような人物を褒賞せずにはおかれない。よって彼の三等以上の親族に宇佐君の姓を与える」と、法蓮は賞賛されていますが、法蓮が八幡神の力を借りて隼人を殺害したことは書かれていません。この時点では『続紀』は八幡神のことを隠しています。

※夷をもって夷を征する政策

これより19年前の『続紀』大宝2年（702）10月3日条に「薩摩の隼人を征討する時に、大宰府管内の9神社に祈祷したが、実にその神威のお蔭で、荒ぶる賊を平定することができた。そこで幣帛を奉った」とありますが、この時の隼人征討には八幡神も関係しているはずですが、なぜか「9神社」とあるだけで主役の「八幡神」の名前が伏せられています。

後述しますが、八幡神社が正史の『続紀』に登場するのは聖武天皇天平9年（739）4月1日です。この時は伊勢神宮・大三輪・筑紫の住吉・八幡および香椎宮に幣帛を祀り、新羅の無礼を報告する」と書かれています。新羅の無礼には八幡神の名が登場し、先の隼人の討伐には名が伏せられているのが何か作為的に思われます。八幡神の正体をわかりにくくしている例がこんなところにもあるのです。

さて養老5年（721）6月10日の太政官報告には「陸奥や筑紫の辺境の砦は兵役に病み疲れています。この年の調・庸を免除してほしい」とあり、翌養老6年4月16日の『続紀』に「陸奥の蝦夷・薩摩の隼人らを征討した将軍以下の官人たちと征討に功績のあった蝦夷および通訳の者に、地位・功績に応じて勲位を授けた」と書かれています。

この記事は夷をもって夷を征する政策が着実に進んでいたことを物語っています。10日後の『続紀』養老6年4月26日条の太政官報告は、エミ

シの支配について次のように具体的です。

　　辺境の郡の人民（移植民）が賊の侵略を受け、西や東に逃げまどい
散りぢりに分散しています。そこで陸奥国の按察使が管理する人民の
庸・調をだんだん免除し、農耕と養蚕を勧めながら、農耕と弓と習わ
せ、辺境を助けるために徴収する税は、蝦夷に与えられる禄にあて
たいと思います。その税は管内の兵卒１人について、長さ１丈３尺・
幅１尺８寸の麻布を出させることにし、３人分の布で１端とします。
　　次に陸奥国出身の授刀・兵衛・衛士および位・帳内・資人ならび
に防閤・仕丁・采女・仕女など、このたぐいの人々は全員帰国させて、
それぞれもとの地位にもどすことにします。もし彼らの中に考（官吏
の評定を受ける資格）を得ているものがあれば、６年間の評定で位を
授けることにし、１度位を授けたらそれ以後は外考（地方官としての
勤務評定）を受けることにします。

◈大掾佐伯宿禰児屋麻呂の殺害
　養老６年（722）４月の太政官報告から４ヵ月経った８月29日、律令政
府は諸国の国司に命じて柵戸（開拓民）1000人を選ばせ、陸奥の鎮所（多
賀柵後の多賀城）に配置させます。
　神亀元年（724）２月４日聖武天皇が即位し、同じ日長屋王（684?-729。
高市皇子の長子、藤原４兄弟の陰謀により自殺）が左大臣に着任します。
この月の14日天皇は正一位の藤原夫人（宮子）を大夫人と称することに
します。同月25日陸奥国鎮所（多賀柵）の兵卒たちが、自分たちの本籍
をこの地に移して、父母妻子と一緒に生活したいと願ったのでこれを許し
ます。
　同年３月25日海道（太平洋沿の地域）でエミシの反乱が起こり、大掾
従六位上の佐伯宿禰児屋麻呂が殺害されたという報告が入ります。対して
政府は４月１日７道の諸国に軍器・幕・釜などを造らせます。そして４月
７日藤原宇合を持節大将軍に任じ、高橋安麻呂を副将軍とし、海道のエミ

海道エミシと山道エミシ（『秋田市史より』）

シ征討の準備をします。

　政府は同月14日坂東の9ヵ国の兵士3万人に乗馬・射撃を教習させ、布陣の仕方を訓練させ、また絲吊200疋、絁2000疋・真綿6000屯・夷狄麻布1万端を陸奥の鎮所に運びます。5月24日小野牛養を鎮狄将軍に任じ出羽国のエミシ鎮圧を命じます。

　翌聖武天皇神亀2年（725）正月陸奥国のエミシの捕虜144人が伊予国、578人は筑紫、15人が和泉監に配置されます。「和泉監」というのは、『続紀』霊亀2年（716）の記事に「河内国から和泉郡、日根郡を割き、さらに同年4月13日に河内国大鳥郡をあわせて和泉監が建てられた」とある

ので、天皇の離宮（＝監）にエミシが移配されたこと意味しています。

ちなみに東大寺建立に貢献した行基（668-749）は河内国（後の和泉国）大鳥郡（現在の堺市）の生まれです。師に孝徳天皇のときの遣唐使に派遣された道昭がいます。いずれも百済系渡来人です。

また同神亀2年の3月17日の「常陸国の百姓で、蝦夷の裏切りで家を焼かれ、財物の損失が9分以上の者には、3年間租税負担を免除し、4分以上の者には2年間、2分以上の者には1年間、それぞれ租税負担を免除した」という記事は、すでに常陸国に移配されていた陸奥国のエミシが反乱を起こしたことを物語っています。

3　雄勝城に至る道

◈渤海国と日本の関係

聖武天皇神亀2年（725）3月から天平5年（733）11月までの約8年間はエミシ征討の記事は少なくなります。この間、聖武を天皇とする朝廷に何か特別なことが起こったのでしょうか。『続紀』をめくっていくと、「井上内親王（聖武天皇の娘）を派遣し、斎宮（いつきのみや）として伊勢大神宮に侍らせた」（聖武天皇神亀4年9月3日）とあり、次のような記事が続きます。

> 渤海郡王（ぼっかいぐんおう）（渤海は7~10世紀頃、中国東北部から朝鮮北部まで領有した国）の使者、首領・高斉徳ら8人が出羽国に来着した。使いを遣わし慰問し、また時節にあった服装を支給された（蝦夷に襲われるという難にあっていた）。

さらに先を進むと「第三位の藤原夫人（ふじわらのぶにん）（光明子のこと）に食封（じきふ）1000戸を賜った」（神亀4年11月21日）とあり、その次の12月10日条には「正三位の県犬養宿禰橘三千代が祖先を同じくする親族4人に宿禰の姓を申請して許可された」という記事、その次の12月20日条に「渤海郡国の使者

39

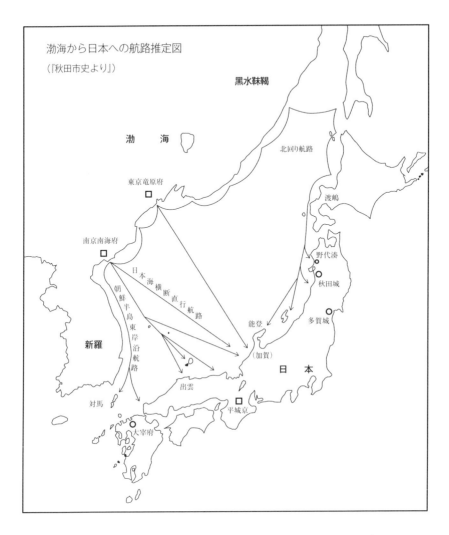

の高斉徳ら8人が入京した」とあり、同月29日条に次のように記されています。

　　使者を遣わして高斉徳らに衣服と冠・はき物を賜った。渤海郡はもと高麗国である。淡海朝廷(天智朝)の7年10月、唐の将軍李勣が高麗を討ち滅ぼした。その後、この国の朝貢は久しく絶えていた。ここに至って渤海郡王は寧遠将軍の高仁義ら24人をわが朝へ派遣した

が、蝦夷の地に漂着したために高仁義以下 16 人が殺害され、首領の高斉徳ら 8 人が、僅かに死を免れて来朝したのである。

　神亀 5 年（728）正月 3 日天皇（聖武）が大極殿に出御し、親王・諸王・臣下百僚（多くの臣下）と渤海の使者らに拝賀します。そして正月 17 日天皇は中宮で高斉徳らが渤海王の書状と土地の産物を奉ります。その書状とは次の通りです。

　　武芸（渤海国第 2 代）が申し上げます。両国は山河を異にし、国土は遠く離れています。遥かに日本の政教の風聞を得て、ただ敬仰の念を増すばかりであります。恐れながら思うのに、日本の天朝は天帝の命を受け、日本国の基を開き、代々栄光を重ね、祖先より百代にも及んでいます。武芸は忝けなくも、不相応に諸民族を支配して、高句麗の旧地を回復、扶余の古い風俗を保っています。
　　ただし日本とは遥かに遠く隔たり、海や河がひろびろと広がっているため、音信は通ぜず慶弔を問うこともありませんでした。しかし今後は相互に親しみ助け合って、友好的な歴史に叶う使者を遣わし、隣国としての交わりを今日から始めたいと思います。
　　そこで謹んで寧遠将軍郎将の高仁義・遊将軍果毅都尉の徳周・別将の舎航ら 24 人を派遣して書状を進め、合わせて貂の皮 300 枚を持たせてお送り申し上げます。土地の産物はつまらぬものですが、献上して私の誠意を表します。皮革は珍しいものではなく、却って失笑を買って責められることを恥じます。書面の言上では充分真意が伝えられるとは思えませんが、機会あるごとに音信を継続して、永く隣国の好を厚くしたいと望みます。

　また同年 4 月 16 日、天皇は斉徳ら 8 人に絹布や綾・真綿を与え、次のように述べます。

天皇はつつしんで渤海国王にたずねる。王の書状を読んで、王が旧高麗の領土を回復し、日本との昔の修好を求めていることをつぶさに知った。朕はこれを喜ぶものである。王はよろしく仁義の心で国内を監督撫育し、両国は遠く海を隔てていても、今後も往来を絶たぬようにしよう。そこで首領の高斉徳らが帰国のついでに、信書ならびに贈物として綵帛10疋・綾10疋・絁20疋・絹糸100絇・真綿200屯を託す。このため一行を送り届ける使者を任命し、それを遣わして帰郷させる貴国の平安で好適であることを期待します。

※出羽の柵を秋田高清水に移す

聖武天皇のエミシ対策の記事で特筆すべきなのは、天平5年（733）12月26日の「出羽の柵」を秋田村の高清水の岡に移し置いた。また雄勝村に郡を建てて人々を居住させた」という記事です。すると和銅5年（712）の出羽柵は最上川左岸の現在の酒田市近辺と考えられます。

雄勝村は秋田県横手盆地の出羽丘陵沿いを流れる雄物川の支流西馬音内川沿いの現在の湯沢市雄勝町あたり一帯です。ここは最上川上流の新庄（山形県）に通じ、また出羽丘陵を挟んで日本海沿岸の本庄・秋田につながり、雄物川に合流する栗駒山麓を源流とする役内川・成瀬川・皆瀬川の上流から岩手県水沢・一関の通じる要所であり十文字という名の町も近くにあります。

先の天平5年（723）12月26日の記事は重要です。なぜならば、4年後の天平9年（737）正月23日の鎮守府将軍・従四位上の大野東人の「陸奥国より出羽柵に至る道路は、男勝を回り道して行程が迂遠であります。そこで男勝村を略（攻略）して直行路を貫通させたいと思います」という報告と矛盾しているからです。天平5年の記事は雄勝村に郡を建てて人々を居住させたとあるのに、4年後の天平9年の記事は男（雄）勝村を攻略しなければならないと報告しているからです。

聖武天皇は大野東人の報告を受けて、持節大使で兵部卿・従三位の藤原朝臣麻呂（藤原不比等の四男）と、勅使で正五位上の佐伯宿禰豊人、常陸

第1章　藤原不比等の子とその孫たち

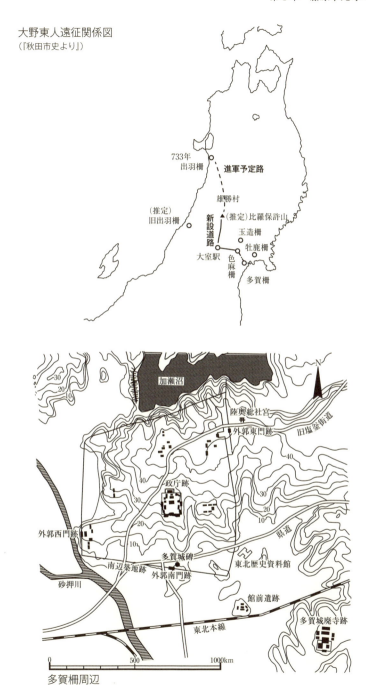

大野東人遠征関係図
(『秋田市史より』)

多賀柵周辺

阿倍比羅夫遠征関係図（『秋田市史より』）

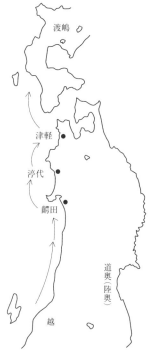

古四王神社

守で従五位上の坂本宇頭麻佐らを陸奥国に派遣します。

❖多賀城→雄勝村→秋田柵の道

　大野東人のいう出羽柵は今の日本海沿岸の出羽柵（秋田村高清水岡）です。大野東人は陸奥国鎮所（多賀柵）から秋田出羽柵までの直結する要害の地を横手盆地南端の雄物川上流の雄勝村に造り、雄勝村から出羽丘陵を超えて日本海沿岸の本庄・秋田に至る道を道を考えたのでしょう。

　秋田柵と宮城県多賀柵は東北地方（出羽・陸奥国）のエミシ攻略の最大拠点です。それまでの秋田柵への通行は日本海沿岸の越後国方面からの船舶のみに頼っていました。しかし陸奥国側のエミシの反乱によって従六位上・陸奥大掾佐伯宿禰児屋麻呂が殺害されました。律令政府は内陸部の横手盆地を新たな食料・武器の兵站（へいたん）基地とし、北の秋田柵と南の雄勝城から陸奥国エミシの征討を画策したと考えられます。

　秋田柵が大化改新後にエミシ攻略の拠点になっていたことは『日本書紀』斉明天皇5年（659）3月の記事からも明らかです。国守阿倍比羅夫が船師180艘を率いて飽田（あきた）・渟代（ぬしろ）・津軽のエミシを捕虜にしたり饗応したりしています。

　阿倍比羅夫の船による秋田沖遠征は斉明天皇4年（658）から始まり、その時は飽

田浦に船を停泊させ飽田のエミシ恩荷(おんが)らを従わせます。そしてこの年、第4次遣唐使は男女2人のエミシを献じています。おそらく阿倍比羅夫が捕虜にしたエミシでしょう。しかしこの時の阿倍比羅夫の飽田沖の遠征は日本海の警戒と防備とエミシの兵力を確保するためのものであり、直接エミシ地の征討攻略するための遠征ではなかったでしょう。

というのは斉明天皇6年（660）、阿倍比羅夫は船200艘で粛慎(しゅくしん)（満州に住んでいたとされるツングース系狩猟民族）を攻撃していますが、この年、百済は唐・新羅連合によって滅亡しました。翌年、阿倍比羅夫

菅江真澄の墓

は中大兄皇子のもとで百済救援の将軍として派遣されているからです。ちなみに秋田市寺内児桜に阿倍比羅夫が合祀したという大彦命とタケミカヅチを祭神とする古四王神社があり、その200m先の高台の共同墓地に菅江真澄の墓があります。

❖「佐伯部」という名のエミシの出自

繰り返しになりますが、天然痘が発生した年から2年目の天平9年（737）正月23日の陸奥の按察使大野東人(あぜちし)は「男勝村を攻略して直行路を貫通させ、多賀城から秋田柵までの最短距離の道路を造りたい」と報告します。すると先の天平5年の「雄勝村に郡を建てて人々を居住させた」という記事は虚構だったのでしょうか、それともエミシに雄勝村を奪還されたのでしょうか。

神亀元年（724）の海道（太平洋沿岸）のエミシの反乱で殺害された佐伯宿禰児屋麻呂と天平9年の持節大使藤原朝臣麻呂に同行した佐伯宿禰豊人の「佐伯」という名が気になります。というのは『日本書記』景行天

45

皇51年8月条にヤマトタケルが伊勢神宮に進上したエミシが御諸山（三輪山）のほとりに移され、それから遠隔に地に移されたという記事があります。その移配されたエミシが、播磨・讃岐・伊勢・安芸・阿波合わせて5ヵ国にいる佐伯部の先祖であると書かれているからです。

　『日本書紀』の頭注には「佐伯部」について次のように記されています。「蝦夷で組織された部。宮廷警護の任に使役。サヘキはサヘノ神のサヘと同じで、塞ぐ・妨げることに由来する名か。『常陸風土記』茨城郡の条の山の佐伯・野の佐伯によると、朝廷の命をサヘ（妨害・反抗）する土着の先住民の意、ここでは外敵をサエ（防塞）する職業団体として蝦夷を用いたとみられる」とあります。

　景行紀のこの記事はフィクションの可能性が高く、5世紀から6世紀、倭王済から武の時代（倭の五王）の史実を反映していると考えられます。ちなみに空海（弘法大師）は讃岐の佐伯直の出身です。佐伯直は瀬戸内海沿岸に多く佐伯部を統括していたと指摘されています。

　また、乙巳（645年）のクーデターで蘇我入鹿にとどめを刺したのは佐伯連子麻呂です。奈良時代の佐伯今毛人は造東大寺長官として大仏造立や東大寺建立に貢献し従三位の位を与えられています。

　私が気になると言ったのは、海道の反乱で殺害された佐伯宿禰児屋麻呂や藤原麻呂に同行した佐伯宿禰豊人がエミシを出自とするとされる「佐伯部」と同族であるかどうかわからないからです。もし仮に同族であるとすれば、殺害された佐伯宿禰児屋麻呂も佐伯宿禰豊人もエミシ地やエミシ語に通じていたかもしれません。

　◈百済系渡来人菅野真道

　さて、大野東人の多賀城から秋田柵までの直行道路案を受け入れた聖武天皇は、その月のうちに持節大使で兵部卿の藤原麻呂（不比等の四男）と副使佐伯宿禰豊人らを陸奥国に向かわせました。持節大使とは朝廷から節刀を与えられ、辺境の反乱を鎮定するために派遣された軍団の総指揮官のことです。

当時、議政官は藤原武智麻呂（不比等の長男、仲麻呂の父）を右大臣とする 8 人でした。8 人の議政官の 4 人が藤原不比等の子です。仮に 4 対 4 で意見が分かれても、議長である右大臣の決済で多数決を制することができます。聖武天皇自身が藤原氏丸抱えの存在です。藤原氏の主導でエミシ征討が本格的に開始されます。

この年の 4 月 14 日（麻呂が天然痘で病死する 3 ヵ月前）、多賀城に滞在する陸奥国の藤原麻呂から次のような報告がありました。麻呂の報告は 2500 字に達する長文ですが、全文お伝えする価値があります。多賀城以北の蝦夷攻略の計画が具体的かつ正確に述べられているからです。また『続紀』編纂者の百済国第 14 代の王である貴須王（近仇首王）の末裔とされる菅野真道（741-814）がエミシ征討に大きな関心をよせていたことがわかります。桓武治世下の参議であった菅野真道は延暦 24 年（805）には藤原緒嗣といわゆる「徳政論争」を行い、緒嗣の主張に強く反対してエミシ征伐と平安宮造宮の継続を主張しましたが、桓武天皇は緒嗣の意見を採用しています。菅野真道は大仏建立のための金を貢献した陸奥守百済王敬福や坂上田村麻呂と同じエミシ征服戦争で活躍した陸奥鎮守府副将軍百済王金哲と同族の百済系渡来人であったからです。

4　持節大使藤原麻呂からの報告

❖藤原麻呂の報告

さて件の天平 9 年（737）4 月 14 日の藤原麻呂からの報告は次の通りです。（カッコ内は筆者の注）。

正月 23 日鎮守府将軍の大野東人と協議して、坂東 6 国の騎兵、総計 1000 人を動員して山中と海沿いの両道を開かせました。夷狄たちは皆疑いと恐れの念を抱いております。農耕に従事している蝦夷で、遠田郡（仙台市の涌谷町・美里町）の郡領・外従七位上の遠田君雄人

を海沿いの道に遣わし、帰順した和我君計安塁（北上市上江釣子付近のエミシの族長か）を山中の道に遣わし、それぞれ遣使の旨を告げてなだめ論し、これを鎮撫しました。

そして勇敢でたくましい者196人を選んで、将軍大野東人に委ね、459人を玉造（古川市東大崎あたり）などの5つの柵に配属し、麻呂らは残り345人を率いて、多賀柵を守備し、副使坂本朝臣宇頭麻佐は玉造の柵を守備し、判官の大伴宿禰美濃麻呂は新田の柵（宮城県遠田郡田尻町あたり）を、陸奥国の大掾日下部宿禰大麻呂は牡鹿の柵（宮城県桃生郡矢本町赤井星場）を守備し、その他の柵は従来どおり鎮守しています。

2月25日に将軍東人が多賀の柵を進発しました。3月1日、東人は騎兵196人、鎮守府の兵499人、陸奥国の兵5000人、帰順した夷狄249人を率いて、色麻の柵（宮城県加美郡中新田町城生あたり）を発し、その日のうちに出羽国大室駅（山形県尾花沢あたり）に到着しました。

出羽の国守で正六位下の田辺史難波は、管内の兵500人と、帰順した夷狄140人を率いて、大室駅に待機すること3日で、将軍東人と合流して道を開拓しながら賊地に向かいました。

ただ賊地は雪が深く、秣が得がたく、そのため雪が消え草の生えるのをまって、またあらためて軍を進めることにしました。同月11日、将軍東人が引きかえして多賀の柵に帰還しました。

賊地の比羅保許山に至る8里は、地勢は平坦で危うく険しいところはありません。帰順した夷狄らの言うところでは、比羅保許山から雄勝村に至る50里あまりはまた平坦地です。ただ2つの川（役内川と高松川）があって、増水する度に両所とも船を用いて渡ると言います。

4月4日わが軍は賊地内の比羅保許山に駐屯しました。これより先に田辺史難波の書状がきて、雄勝村の服従した蝦夷の長ら3人がきて拝首して言うのに、「官軍がわれわれの村に入ろうとされていると承ります。不安にたえられず降伏を請うためにやってきました」と伝えてきました。しかし、東人は「投降の蝦夷はたいそう悪だぐみが多く、

言うことはよく変わる。たやすく信用できない。重ねてまた帰順を申したら、その時相談しよう」と言いました。

それに対して難波は建議（意見を申し立てること）して「軍勢を進めて賊地に入るのは、夷狄を教えさとし、城柵を築いて人民を移し住まわせるためです。何も兵を苦しめ帰順する者を傷つけ殺そうというのではありません。もし投降の願い許さず直ちに侵攻したならば、帰順したものたちも恐れ恨んで山野に遁走することでしょう。それでは労多くして功少なく、恐らく上策ではないでしょう。今回は官軍の威力を示しておいて、この地から引き上げるにしくはないでしょう。そのあとでこの難波が帰順の有利なことを諭し、寛大なめぐみで懐かせましょう。そうすれば城郭も守りやすく、人民も永く安らかになるでしょう」と言ったので、東人はもっともであると考えました。

東人の本来の計画では、早く賊地に入って耕作し、穀物を蓄え、兵糧運搬の費用を省こうということでありました。しかし今春は定年に倍する大雪が降り、これによって、早期に耕種することができなくなりました。天の与えた時がこのようなので、もとの考えのようには参りません。いったい城郭を営造することぐらいは一気にできます。しかし城を守るのは人間であり、人間をとどめるには食糧が必要です。耕作の時期を失えば、何を兵士に給することができるでしょうか、さらに兵というのは、利がなければ行動しません。

それゆえ、軍を引き上げて一旦帰り、今後を待って城郭を造りましょう。ただし東人は自ら賊地に侵攻するために、将軍として多賀の柵を守備する計画を請うています。しかしいま新道はすでに開通し、地形を直接に視察しましたので、後年になって東人が自ら攻め入ることをしなくても、事は成就させることができます。

臣下の麻呂は愚かで事情は明るくありませんが、東人は久しく将軍として辺要の地にあり、作戦が的中しなかったことはほとんどありません。のみならず自ら賊軍の地に臨み、その形成を察して深謀遠慮の上で、このような作戦を企てました。

そこで謹んで事の次第を記し、勅裁を御伺いいたします。ただ、この頃は情勢も平穏で、農作物の時節にも当たっておりますので、徴発した兵士は一旦帰農させて、その一方で以上のような奏上を致します。

　以上のような報告を不比等の四男麻呂から受けた3日後の天平9年（738）4月17日のことです。麻呂の兄で参議の藤原房前が天然痘で亡くなります。亡くなった時の藤原房前の年齢は57歳です。

　当時、民部省の長官で参議の房前は戸籍・租税・賦役など全国の民政・財政を担当していました。そしてこの報告をした当の麻呂自身は3ヵ月後の7月13日兄房前と同じ天然痘で死んだのです。麻呂はこのとき43歳です。

　先述しましたように律令国家は陸奥側におけるエミシ攻略のための北上がいまの宮城県と岩手県の県境でエミシの抵抗により行き詰ったので出羽国の内陸部（横手盆地）からの挟撃を考えたのです。

　なぜなら麻呂は報告のなかで、「大野東人の本来の計画は、早く賊地に入って耕作し、穀物を蓄え、兵糧運搬の費用を省くこうとした」と報告しているからです。つまり大野東人は秋田柵と陸奥国への物資や武器を運ぶ兵站基地としての横手盆地を想定していたのです。

　中央政府のエミシ攻略については、後にふたたび取り上げることにして次節では天然痘で死んだ藤原4兄弟（不比等の息子）についてお話します。

第2章　古代日本の守護神八幡神

1　藤原4兄弟と天然痘

※環境破壊と恐るべき伝染病

　天平7年（735）8月大宰府に発生した天然痘は、2年後の天平9年藤原不比等の次男房前（4月17日）、四男麻呂（7月13日）、長男武智麻呂（7月25日）、三男宇合（8月5日）ら藤原4兄弟、さらに小野朝臣老、長田王、中納言で正三位の丹比朝臣麻呂、百済王郎虞など中央政府高官の命を次々に奪います。当時、藤原兄弟4人は議政官8人の半分を占めていました。

　ところで読者の皆さんは大宰府管内で発生した天然痘で不比等の子でしかも政府の議政官をつとめる藤原4兄弟が同じ年に1度に亡くなったことに、不審の念をいだかれるかもしれません。しかし謀略や虚構の類に関する研究資料や文献もほとんど見当たらないのです。

　したがってこれから筆者が独自に調べ、かつ推理したことを皆さんにお伝えしたいと思います。天然痘が飛沫感染や接触感染によって伝染する恐るべき病であることはよく知られています。天然痘が発生する数年前からの藤原4兄弟の履歴を『続紀』から拾ってみれば、その原因の一端がわかるかもしれません。

　それでは別の角度から話を進めます。環境考古学者の安田喜憲（1946-地理学者）の著作『森と日本文化』からわかったことお伝えします。安田喜憲は、同じ研究分野の金原正明（1956-）の「平城京の造営によるイチイガシ（ブナ科コナラ属の常緑高木）を中心とする照葉樹林の森が消えて、アラカシやアカマツが拡大した」という説にもとづき、アカマツ回廊と呼

ぶその生態系が朝鮮→北九州→瀬戸内海沿岸→畿内へと舌状状態に広がったことを解明します。

　安田喜憲によれば、照葉樹林やブナやナラの落葉樹林が頻繁(ひんぱん)に伐採されていくと土壌が貧弱となり、ついにアカマツしか生育できなくなります。735年から737年の天然痘の猛威は日本固有の森林が急激に破壊されたことに起因します。

　平城京造営(東西約6.3km、南北約4.7km)を終えた初期律令国家日本が東北地方のエミシ侵略と植民政策を開始した頃は、北九州、瀬戸内海沿岸、山陰道、畿内の開拓はほぼ完了していました。『続紀』には天然痘で亡くなった死者のおおよその数さえ記録されていないことからも、当時、天然

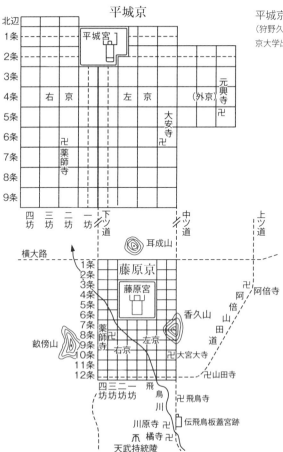

平城京・藤原京対照図
(狩野久『日本古代の国家と城域』東京大学出版会より)

痘の知識がなかったのものと考えられます。

　※大宰府の最高責任者藤原武智麻呂

　そこで藤原4兄弟の履歴に戻ります。四男の藤原麻呂が持節大使として天平5年多賀柵に派遣されたことは前に述べました。『続紀』によるとその2年前の天平3年（731）8月11日に三男藤原宇合と四男の麻呂が参議に推薦されています。このときは1度に6人の参議が補充され、藤原氏からは武智麻呂・房前に加えて新たに宇合と麻呂が参入します。

　このことは藤原4兄弟が廟堂（内閣）で互いに接触する機会が多くあったことを示しています。当時、長男の武智麻呂は大納言として最高位にあり、最古参の議政官であった次男房前は中務卿と中衛大将を兼ね、宇合と麻呂は式部卿および兵部卿として文官と武官の人事権を掌握しています。天然痘に最初に感染したのは、職務上から次男房前と考えられます。

　宇合と麻呂が参議になってから1ヵ月後の9月27日、大納言で正三位の長男武智麻呂（豊成・仲麻呂の父）が大宰帥を兼任します。大宰帥は大宰府の最高責任者です。

　大宰帥は現地に赴任する義務がないとしても、現地の人間に接触する機会が増えます。

　大宰府は外交と防衛を主任務とするとともに、西海道9ヵ国（筑前から大隅まで九州全域と大隅諸島）を所管とします。帥の下に大弐・少弐が位置します。

　出羽の柵を秋田村の高清水の岡に移し、雄勝村に郡を建て移住民が配置されたのが天平5年（733）12月ですが、その1ヵ月前の11月に畿内に惣官、諸道に鎮撫使が設けられ、三男の宇合が副惣官、四男の麻呂は山陰道の鎮撫使に任ぜられます。

　当時、聖武天皇の母（藤原宮子）の立后をめぐって起きた長屋王自殺事件（後述）が藤原4兄弟の策謀によることが広く知られ、また口分田配分の強行などとあいまって、藤原氏への不満が諸国に広がっていました。

　口分田とは大宝元年（701）に施行された大宝律令の土地制度です。全

国の土地はすべて国のもの（公地）とされ、公地は6歳以上の農民に配分されます。土地を配分するには、人々の数を調べる必要があります。そのため6年に1度戸籍が作り直され、男性には2段（約15a）、女性にはその3分の2の耕作地が与えられます。この耕作地のことを口分田と言います。そして口分田を配分されていた人が亡くなれば、その耕作地は国へ返さなければなりません。これを班田収授法と言います。

◈藤原4兄弟の死と聖武天皇

宇合と麻呂の惣官と鎮撫使就任はこれらの国内事情（反藤原氏）に対応した処置でした。さらに天平6年（734）正月、不比等の長子で正二位の武智麻呂は右大臣となり、武智麻呂の弟宇合は正三位、武智麻呂の次男仲麻呂は正六位下から従五位下に昇格します。聖武天皇を支える藤原政権がますます強化されます。

しかし天平9年（737）8月5日の宇合の死を最後に、時の廟堂は藤原4兄弟と中納言丹治比県守とを天然痘で失い、参議は鈴鹿王と橘諸兄と大伴充足の3人のみとなります。武智麻呂を筆頭に参議5人の死は藤原氏を中心としてきた政府中枢に大きな打撃を与えます。

藤原武智麻呂の死去について『続紀』聖武天皇9年7月23日条に次のように書かれています。

　　天下に大赦を行い、天皇は次のように詔した。この頃疫病が多発するので地祇に祈祭するけれどもまだ許される様子がない。しかも今右大臣（藤原朝臣武智麻呂）は身体に患いがあり、寝食も普通ではない。朕は憐みいたましく思う。天下に大赦を行って、この病苦を救いたい。7月25日、勅して左大弁・従三位の橘諸兄と右大弁・正四位下の紀朝臣男人を遣わし、右大臣（武智麻呂）の邸に赴かせ、武智麻呂に正一位の位階を授け、左大臣に任命した。その日のうちに武智麻呂は薨じた。武智麻呂は贈太政大臣不比等の第1子である。

❖ "天種子命は中臣氏の遠祖"

藤原4兄弟の死は最初に天然痘が発生した大宰府と深い関係があります。八幡神および八幡宮の研究で多大な業績をあげた宮地直一は、天平3年（731）9月の藤原武智麻呂の大宰帥の兼務は藤原一門と大宰府と宇佐八幡宮が結びつく転機であったと指摘しています。

なぜなら宇佐八幡宮が初めて官幣を預かったのは天平3年（731）（『東大寺要録』）です。この記事は『続紀』には載っていません。武智麻呂は天平6年まで大宰帥を兼務し、この間、西海道節度使の弟宇合は兄についで帥となり、天平9年天然痘で亡くなっています。

八幡宮の勃興は武智麻呂・宇合兄弟が大宰帥の時に基礎づけられたと宮地直一は指摘しています。宮地直一は神武東征にあたって神武天皇を迎えた宇佐津彦と宇佐津姫のうち、神武が従臣天種子命（あまのたねこのみこと）と宇佐津姫と結婚させたという『日本書紀』の記事から、当時朝廷における大立者であった藤原氏に伝わっていた伝説が『日本書紀』編纂中に挿入されたものではないかと推測しています。たしかに『日本書紀』神武天皇即位前紀甲寅年（BC660）10月条に次のように書かれています。

> 　天皇は勅して、漁師に椎竿（しいさお）の先を差し渡して掴まえさせ、皇船（みふね）に引き入れて水先案内とされ、特に椎根津彦（しいねつひこ）という名を与えられた。これは倭直部（やまとのあたいら）の始祖である。
>
> 　そこから進んで筑紫の菟狭（うさ）に到着された。時に菟狭国造の祖がいた。名を菟狭津彦・菟狭津媛という。その者が菟狭川の川上に一柱騰宮（あがりのみや）を造って御馳走を差し上げた。この時、天皇は勅して、菟狭津媛を従臣の天種子命（あまのたねこのみこと）に娶らせた。天種子命は中臣氏の遠祖である。

この引用文からも宮地直一が指摘する八幡神と藤原氏の関係は根拠のないものではありません。事実、大宝2年（702）の戸籍に豊前国仲津郡に中臣部の分布が見られるからです。藤原氏と八幡神は初期律令国家以前の加羅系渡来集団の祭祀氏族、すなわち卜占を職とする中臣氏と深いつなが

りがあったことをうかがわせます。

　これまで述べたことは、藤原4兄弟が1度に天然痘で亡くなった直接の理由にはなりませんが、恐るべき天然痘が大宰帥を転機に藤原氏が後に八幡神への影響を拡大して行くなかで起きたシンボリックな事件であることはご理解していただけるでしょう。

2　金光明最勝王経と八幡神

❖藤原広嗣の反乱

　天然痘の発生は意外なところに飛び火します。天平12年（740）8月末、大宰少弐（次官）に任命された藤原広嗣（宇合の長子）が聖武天皇に上表

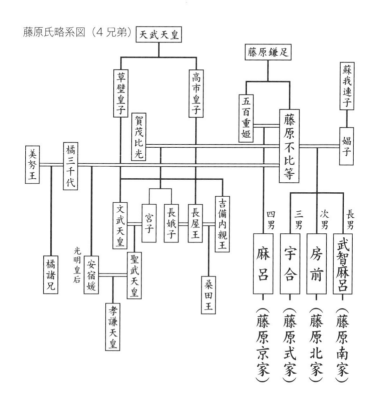

藤原氏略系図（4兄弟）

文を送り、吉備真備と僧玄昉の処分を要求します。天然痘で亡くなった右大臣武智麻呂の後任の橘諸兄（654-757）が吉備真備と僧玄昉を重用したからです。

　橘諸兄は文武天皇の乳母を務めた県犬養三千代と敏達天皇系皇親の葛城王（美努王）の間に生まれた子です。三千代は藤原不比等の後妻となり光明子（後の光明皇后）を生みます。したがって光明皇后と橘諸兄は父違いの兄弟姉妹の関係になります。

　一方の吉備真備と僧玄昉（?-746。在唐20年の天平7年経綸5000巻の一切経を持って帰国）は養老元年（717）の遣唐使として入唐し、両者はともに天平6年（734）に帰国します。

　以後、玄昉は聖武天皇の母藤原宮子（文武天皇の母、藤原不比等の娘）の看病をしたことで宮廷内に大きな影響力をもつようになります。また中宮職の次官となった吉備真備は鬱病で閉じこもっていた宮子と聖武天皇の対面をセットしたことで聖武天皇に重用されます。

　藤原広嗣の乱は天然痘で父宇合と叔父3人を一度に失った広嗣のあせりから生まれたものですが、右大臣橘諸兄は広嗣の要求を反乱とみて強硬策に出ます。反乱鎮圧（740年）のため陸奥按察使の大野東人を将軍とする約1万7000人の兵が派遣され、広嗣と弟の綱手はその年の12月に斬刑されます。

　❈聖武天皇と金光明最勝王

　藤原広嗣の乱が落着した10月23日の6日後の29日、今度は聖武天皇の彷徨が始まります。この彷徨は聖武天皇が平城京に戻る天平17年（745）5月まで続き、「謎の彷徨」と呼ばれています。

　聖武天皇の約5年の彷徨については、当時頻繁に起こった地震や広嗣の乱や自己の出自の問題などさまざまな説がありますが、その最大の理由は天然痘という恐るべき疫病によって平城京が汚されたことに対する聖武天皇の畏怖と懺悔の心境に起因するものと考えられます。なぜなら聖武天皇が信仰する四天王に護持される金光明最勝王経は「慈悲と懺悔」の法を説

いているからです。

　「慈悲と懺悔」の法を説く金光明最勝王経は国王が金光明経を唱えれば一切の災害、疫病を逃れることができるとされます。しかしその恐るべき疫病によって天皇の外戚でありかつ従兄弟関係にある藤原4兄弟が一度に亡くなったばかりか、その4兄弟の子の1人から反乱者が出たのです。

　しかし金光明最勝王経は四天王の護持によってこそ国王の力が護持されるのですから、武力と戦争と支配によって国家を維持・継続しなければなりません。事実、聖武天皇は対エミシ侵略と征討の渦中にありました。この矛盾は聖武にとって大きいと言わなければなりません。

　宇佐八幡宮が九州の大社として朝廷より官幣社の取扱いを受けたのは、宇合が亡くなる2ヵ月前の天平9年（734）4月1日です。『続紀』に「伊勢神宮・大神神社・筑紫の住吉・八幡の2社および香椎宮に幣帛を奉った」と書かれているからです。官幣社とは官（朝廷、国）から幣帛および幣帛料を支給される神社のことです。

◈国家鎮護と戦争の神八幡神

　『三国史記』新羅本紀に「日本兵船300艘が新羅東部を襲ったが、新羅がこれを撃破した」と書かれていますが、八幡神は守護神として宇佐八幡宮に祀られていたのでしょう。また天平13年（741）3月24日条には「宇佐の八幡宮に秘錦冠1つ、金泥で書いた最勝王経と法華経を各1揃、得度者10人、封戸から出せる馬5匹を献上、また三重塔1基を造営させる。これまでの祈祷に対するお礼である」と書かれています。

　天平9年から13年までの3つの記事をあわせて読むと、天然痘の発生・藤原広嗣の反乱と金光明最勝王経・八幡神の関係が浮かびあがってきます。天平9年は陸奥按察使の大野東人が「雄勝村に至る道」ついて報告をした年であり、また不比等の子藤原4兄弟が天然痘で亡くなった年です。さらに天平13年は乱の首謀者藤原広嗣が斬刑された年です。

　『続紀』の金光明最勝王経に関係する記事では「8月宮中に『大般若経』『金光明最勝王経を読む』（天平9）、「道慈、『金光明最勝王経』を大極殿

に講ずる」(天平9)、「2月天皇自ら『金光明最勝王経』を写し、諸国の七重塔(国分寺)に治め国ごとに僧寺と尼寺を置く」(天平13)などです。

　ちなみに国分寺は、天平13年(741)聖武天皇が仏教による国家鎮護のため各国に建立を命じた寺院です。国分僧寺と国分尼寺に分かれ、正式名称は国分僧寺が「金光明四天王寺護国之寺」、「国分尼寺」が「法華滅罪之寺」と呼ばれます。この年の正月15日条に「故太政大臣藤原不比等の家が食封5000戸返上した。しかし2000戸はもとのままその家に返し与え、3000戸を諸国の国分寺に施入して丈六像を造る賃料に充てた」と書かれています。

　八幡神の初出は『続紀』では天平9年ですが、『八幡宇佐宮御託宣集』には大隅の国守陽候麻呂が殺害された養老4年(720)に豊前国司の宇奴首男人が宇佐八幡神の託宣を受けたと書かれています。八幡神の託宣を受けた男人はさらに宇佐巫集団の総帥法連の助力を得て古表・古要社の傀儡衆を引き連れて隼人を皆殺しにします。

※廃仏派の物部氏×崇仏派の蘇我氏

　時代を大化(645年)以前に遡ると物部守屋と蘇我馬子の仏教戦争(587年)も豊国法師という出自不明の僧が関係しています。『日本書紀』用明天皇2年(587)4月2日条によると痘瘡で症状の重くなった用明天皇(在位585-587)は群臣に向かって「私は仏に帰依しようと思うので協議してほしい」と問いかけますが、物部守屋と中臣勝海が「国神に背いて他神を拝むことはできない」と反対します。

　ちょうどその場(内裏)に用明天皇の弟の穴穂部皇子が内裏に連れてきた豊国法師を見て物部守屋大連は激怒して阿都(河内国渋川郡＝大阪府八尾市の別邸)に引きこもり軍衆を集めて戦闘の準備をします。物部守屋は豊国法師を見てなぜ激怒したのでしょうか。『日本書紀』編纂者は豊国法師について何の説明もしていないばかりか、その記述も混乱しています。それには何か訳がありそうです。

　『八幡大神の神託』の著者清輔道生は、『新選姓氏録』「泉国神別天神条」

の記事から推して「崇仏派の蘇我馬子は神仏習合でその名が朝廷に知られる豊国法師を招いて排仏派を刺激しないよう配慮したが、排仏派の守屋は支配下にあるはずの豊国法師が崇仏派の馬子援護のために宮中に参内したことに激怒したのではないか」と指摘します。

『新撰姓氏録』の記事というのは「雄略天皇が病気のとき豊国奇巫が召されて治癒にあたった」という内容です。清輔道生の指摘する「守屋は支配下にあるはずの豊国法師」というのは継体天皇の治世下で物部御輿（守屋の父）が磐井の乱で九州地方を支配下においたことを根拠にしていると考えられます。清輔道生の指摘はおおよそ的を射ています。

物部守屋が彦人大兄（敏達天皇の子）の分身（虚像）であり、敏達天皇の皇子彦人大兄は継体天皇の孫にあたります。しかし用明天皇は聖徳太子と同じ大王馬子の分身です。欽明（ワカタケル大王）の仏教受容を受け継いだ欽明の子馬子の、圧倒的な力ですすめる仏教政策に対して、旧加羅系残存勢力の物部守屋（彦人大兄）・中臣氏の反乱が成功するはずがありません。事実、蘇我馬子（聖徳太子）は彦人大兄と物部氏らを制圧した後飛鳥寺（法興寺）と四天王寺と法隆寺を建立します。

清輔道生は「馬子は豊国・宇佐国において仏教と古来のシャーマニック（呪術的）な神道とが矛盾することなく習合している成果を重視して豊国法師を利用したに違いない」と指摘しています。問題は清輔氏の見解は田村圓澄（1917-2005）の「蘇我氏の仏教は氏族仏教の域をでない」という説にもとづいていることです。

3　蘇我馬子は大王だった！

※金光明経に祈願できるのは国王のみ

蘇我氏（馬子・蝦夷・入鹿）が一豪族であると考える田村圓澄と蘇我馬子・蝦夷・入鹿は大王であったとする石渡信一郎の説には大きな隔たりがあります。飛鳥仏教についてほとんどの学者・研究者は田村圓澄の蘇我氏

＝豪族の氏族仏教説にもとづいているからです。

　日本仏教史の研究に大きな業績を残した田村圓澄の説を否定するつもり
はありませんが、『記紀』の記述を鵜呑みにした文献史学の蝦夷・馬子・
入鹿の一豪族説では八幡神の正体を解明することはできません。

　本書は欽明・馬子・蝦夷・入鹿は大王とし、その仏教は大王でなければ
拝むことのできない金光明最勝王経であったことを前提に話をすすめます。
『日本書紀』から１例をあげますと、皇極天皇元年（642）７月27日日照
りが続いたので蘇我蝦夷が大寺の南庭で仏と菩薩と四天王の像を安置して
大運経を読ませます。

　田村圓澄はこの大寺は飛鳥寺（法興寺）のことで、蝦夷は大王でもない
のにその祈願行為は僭越だと指摘しています。田村圓澄によるとこの法会
は金光明経にもとづくものであり、仏に鎮護国家を祈願できるのは国王た
だ１人だからです。

　しかし蝦夷が大王であり大王馬子の子であれば、父馬子が創建した飛鳥
寺で金光明経を読んで祈願するのは当たり前のことです。蘇我蝦夷は大王
であったからこそ大王でなければ読めない金光明最勝王経を読んで祈願し
たのです。

◈昆支系蘇我王朝の神八幡神

　実は『日本書紀』には八幡神の名はいっさい登場していません。斉明天
皇（皇極重祚。在位655-661）は中大兄と大海人皇子を連れて征西します
が八幡神に戦勝祈願をした気配はありません。

　万世一系を標榜する『日本書紀』のなかでも神功の子応神は「天皇は神
功皇后が新羅を征討された年、干支は庚辰（240年）の冬12月筑紫の蚊
田で生まれた」「皇太后の胎内にあるとき、天神地祇より３韓を授けられ
た」（応神神即位前紀）と書かれています。

　応神は古代歴代天皇のなかでも特別な存在です。応神が生まれた地、そ
の筑紫の然るべき地に斉明が参詣していないのは不思議です。次のような
気になる記事が『日本書紀』に載っています。斉明天皇が磐瀬行宮から朝

倉橋広庭宮に移った時、朝倉社の木を切って宮を建てたので神が怒って宮殿を壊したばかりか病気になって死ぬ者が多く出るというエピソードです。

『日本書紀』斉明天皇7年（661）5月9日条の訳者頭注によると「朝倉橘広庭宮」は朝倉宮の正式名称で「橘」は用明天皇の和風諡号の一部であろう」としています。そして「朝倉社」については「福岡県朝倉郡朝倉町山田『延喜式』神名の麻氐良布神社。そこの山の木を伐って宮殿を造ったとなると神の祟りが起こって当然だろう」としています。

用明天皇の分身が聖徳太子であり、用明天皇＝馬子が仏教受容を敢行した欽明＝ワカタケル大王の子であるならば、この記事はとても意味深長と言わなければなりません。『八幡宮の研究』で著名な宮地直一によれば、八幡神の出現についてのおおよその史料は欽明天皇32年（572）に共通しています。しかし宮地直一博士は欽明朝とすると天平年間（729-766）までの約150年の間、八幡神が国史に現れないのはおかしいと疑問を投げかけています。

というのもさすがの宮地直一博士も乙巳（645年）のクーデターによって蘇我王朝を打倒した継体系王統（天智）＋旧加羅系渡来集団の残存勢力にして祭祀氏族の中臣（藤原氏）が、昆支（応神）系蘇我王朝の東加羅神＝八幡神を正史から除外したことには気がつきませんでした。

また宮地博士が辛亥の変（531年のクーデタ）で欽明＝ワカタケル大王が継体天皇の嫡子安閑と宣化を殺害した後仏教を受容したことなども知ることはなかったのです。なぜなら継体系王統下の『日本書紀』編纂者が応神の誕生を240年（干支6運、60年×4運＝240年）も古くして継体天皇を応神の5世孫としたからです。

※藤原不比等に重用された道慈

金光明最勝王経と八幡神の関係に話を戻します。『続紀』天平9年（737）2月22日条によると聖武天皇が「国ごとに釈迦仏の像1体と脇侍菩薩2体を造り、あわせて大般若経1部（600巻）を書写させよ」と詔し、5月1日僧侶600人を招き大般若経を読ませます。

この年の8月26日玄昉法師が僧正に任じられ、10月26日に金光明最勝王経を大極殿で講義させ、律師の道慈（?-744。702年唐に渡り718年に帰国）が講師となっています。同年12月27日条は「皇太夫人の藤原宮子が皇后宮に赴き、僧正玄昉法師を引見します。天皇もまた皇后宮に訪れます。皇太夫人が憂鬱な気分に陥り、永らく常人らしい行動をとっていなかった」と皇后が今の鬱病であることを明らかにしています。玄昉も道慈も『日本書紀』完成（720年）前の同じ遣唐使の仲間です。

『続紀』の一連の記事から金光明最勝王経の布教が道慈によって行われ、また法相宗（興福寺が本山）の玄昉によって聖武天皇の母藤原宮子の病気祈祷を経て宮廷内に広められたことがわかります。玄昉と光明皇后の関係は後述の孝謙天皇と道鏡の関係に似ています。

道慈は文武天皇の大宝2年（702）の遣唐使粟田真人に同行して長安の西明寺で義浄三蔵から金光明最勝王経を学び、718年帰国して大安寺（元飛鳥寺）の住職となり金光明最勝王経を倭国日本の護国経典として広めた僧として知られています。

金光明最勝王経を唐から持ち帰った道慈は最終段階の『日本書紀』編纂事業に参加して欽明天皇13年10月の仏教伝来の記事を筆録したと言われています。その際、道慈は金光明最勝王経の文章を引用改変して『日本書紀』に記載したことは研究者間で明らかにされています。『日本書紀』の編纂が完成する2年前に道慈が急遽参加しているくらいですから、道慈は最晩年の藤原不比等にいかに重用されたかがわかります。

4　聖武天皇と光明皇后

※天武天皇の孫長屋王の自殺

養老4年（720）8月3日、病気療養中の藤原不比等が亡くなったので長屋王（684?-729）が右大臣に就きます。高市皇子の子で天武天皇の孫長屋王ですが、聖武天皇即位の際に藤原宮子（文武天皇の夫人で聖武の母）

に大夫人の称号を授けられたのに対して「令制に皇太夫人の称はあるが、大夫人の称はない。勅によると令制度に反し、令制に従うと違勅になる」と苦言を呈します。

聖武天皇の即位の日（神亀元年2月4日）、長屋王は正二位、藤原武智麻呂・房前兄弟は正三位に叙位されます。右大臣から左大臣となった長屋王は太政官の最高責任者です。先の長屋王の苦言は、「天皇は勅して正一位の藤原夫人（宮子）を大夫人と称することにした」という叙位の翌々日の天皇の勅に対してなされたものです。

件の長屋王の発言が尾を引き、5年後の神亀6年（729）2月長屋王は藤原4兄弟に謀反の疑いをかけられます。長屋王の苦言が善意であったとか悪意があったとか研究者間の論争がありますが、長屋王の発言を悪意と解釈した藤原武智麻呂・房前兄弟が先に罠をしかけたのですから長屋王に逃げ道はありません。聖武天皇が藤原宇合らに長屋王の宅を包囲させたことがわかったので長屋王は自殺します。

長屋王が自殺しなければならなかった直接の容疑とは、自殺2日前の漆部造君足と中臣宮処連東人両人による「長屋王は左道（妖術）を学び国家を倒そうとしている」という密告がきっかけです。天皇は式部卿藤原宇合に六衛府の兵士を引率させ長屋王の邸を包囲させます。

さらに翌日の11日丹治比県守・石川石足・大伴道足の3人をあらたに参議にします。そして舎人親王と新田部親王と大納言丹比池守、そして藤原武智麻呂と小野牛養と巨勢宿奈麻呂の6人が長屋王の邸宅を訪れ尋問します。

この6人は参議です。武智麻呂の弟房前の名が見えません。先の3人を追加したのは太政官審議が多数決で決定するので事前に安全策として尋問派を増やしたに違いありません。

同月の12日長屋王は妻の吉備内親王、息子の膳王・桑田王・葛木王・鈎王を道づれに首をくくって死にます。翌日長屋王と吉備内親王の遺骸は生駒山の麓に葬られました。長屋王と吉備内親王の墓は近鉄奈良線の平群駅で下車すると駅北側の住宅地にあります。

長屋王が自殺した1ヵ月後の3月3日藤原武智麻呂は中納言から大納言に、藤原麻呂は正四位から従三位に昇格します。この年の8月5日神亀から天平に改元し、その5日後に安宿媛（藤原不比等と県犬養橘三千代の女子。聖武天皇の母である藤原宮子は異母姉）は光明皇后となります。

◈女人変じて男になること

　光明皇后の「光明」という名が金光明最勝王経第五滅業障品の第三会の説法に登場する福宝光明女から採られていることはあまり知られていません。「世尊（仏）から福宝光明子女は未来において仏になり、世に尊敬される者という名の世尊に至る10の呼び名を受けるだろうと予言された」と金光明最勝王経に書かれています。

　「女身を捨てて、妄語・両舌・悪口・綺語の四悪道を克服し、人間界と天上界に現れて天輪王となるのです。天輪王とは東西南北の四天下を正法で統一することで、輪宝の種類によって金輪王、鉄輪王とも呼ばれる。世尊の説法を聞くために集まった者たちは、世尊が忽然として宝王大光照如来に変わるのを見る」と金光明最勝王経は唱えています。

　金光明最勝王経の「悔過の修法」は懺悔の思想から生まれます。悔過とは仏前で犯した罪を告白し懺悔することであり、個人や国家の災いを除去するために本尊に願うことです。類似するものに薬師悔過、吉祥悔過、阿弥陀悔過などがあります。東大寺のお水取りで知られる修二会は十一面観音悔過と呼ばれ、薬師寺の薬師悔過、法隆寺の吉祥悔過など同じ国家鎮護の法会です。

　聖武天皇が金光明最勝王経を国家鎮護の宗教として受け入れる決意を発表したのは「宇佐の八幡宮に三重塔1基を造営させた」という天平13年（740）3月24日です。その日、聖武天皇は金光明最勝王経の「滅業障品」を引用し、「この経を流布させる王があれば、我ら四天王は常にやってきて擁護し、一切の災いや障害はみな消滅させるし、憂愁や疾病もまた除去し癒すだろう」と詔しているからです。

　聖武天皇は全国に七重塔1基と『金光明最勝王経』と『妙法蓮華経』を

それぞれ一揃い書経させることを命じ、国ごとに国分尼寺と僧寺を立て、僧寺を金光明四天王護国之寺、尼寺を法華滅罪寺と呼ぶことにしました。

そして僧寺には封戸50戸・水田10町、尼寺には水田10町を施入し、僧寺に僧20人、尼寺には10人住まわせ、僧尼には毎月8日に必ず『金光明最勝王経』を転読することとします。ここで言う「転読」とは法会において、経の題名と初・中・終の数行を読み、経巻を繰って全体を読んだことにする読み方のことです。

ところで金光明最勝王経の「滅業障品」で「女人変じて男となり勇健聡明にして知恵多く常に菩薩の道を行じ六道を勤修して彼岸に至る」と説かれています。この教説は金光明最勝王経の本質を理解する上でとても重要です。女人の形では成仏できないから、1度男子に生まれ変わり、その後に初めて成仏できることを解いているからです。この教説を「変成男子」と言います。

「変成男子」の教説は法華経第12章堤婆達多品の悪人成仏と女人成仏の話の中にも出てきます。「サーガラ竜王の娘竜女は、私は望みのまま悟りを開いた。如来は私の証人ですと言った。その時長老の舎利仏が次のように言った。あなたが仏の知恵を得たとしても、私は信じることができない。なぜなら、女身は垢穢にして法器にあらず」

「法器」とは仏の教えを受けるにたる器量をもつ人を指して言います。舎利仏は「女人がどうして無上の菩提を得ることなどできようか。限りない時を費やして修行努力しても、この上ない善行を積んでも仏の境界に達することなどできない」と答えます。舎利仏の説明によると、その理由は女人の身には5つの障りがある。第1に梵天になることができない。第2に帝釈天になることはできない。第3に魔王になることができない。第4に転輪聖王の地位につくことはできない。そして第5には仏身になることは到底できないからです。

※法華滅罪之寺

国分寺が金光明四天王護国之寺と法華滅罪之寺のセットで全国に造られ

第2章　古代日本の守護神八幡神

ようとしたのは、聖武天皇と光明皇后の強烈な宗教的願望によるものです。
『日本書紀』によると光明皇后が亡くなった時、全国の国分尼寺に阿弥陀
丈六像1躯と脇侍2躯を造らせると同時に法華寺に阿弥陀浄土院を新築し
ています。

　哲学者で知られる和辻哲郎（1889-1960）は、法華寺を建てる際に光明
皇后の面影を伝える観音が必要であり、現在の法華寺の十一面観音はその
時の皇后をモデルに造られた原像があり、その原像をもとに造られたもの
ではないかと推測しています（『古寺巡礼』1919）。

　法華寺（奈良県奈良市法華寺町）の十一面観音像は肉感的なエロティシ
ズム漂う男でもない女でもない曖昧性を残しています。5障のゆえに悟り
を開くことができない女性が、法華経を会得することによって成仏できる
のであれば、当時男子の後継者を産むことができず苦しむ光明皇后が国家
鎮護のために変成男子を願わないわけがありません。しかも『金光明最勝
王経』はそれを受持し拝めば、国王が胎内にいる時からその未来を守ると
いう国王の宗教です。

　皇位継承がすこぶる不安定な時期、東アジアの五胡十六国時代に生まれ
た王権神授説はまさに最強の仏教であったのです。光明皇后の病の根源に
は男子でなければ皇位継承ができない金光明最勝王経の法華滅罪説に大き
く起因していることはいうまでもありません。

　法華寺は大和国分寺の法華滅罪の役割も果たしましたが、光明子（光明
皇后）の娘阿倍内親王（孝謙天皇、重祚して称徳天皇）の即位にも大きな
影響を与えることになります。すなわち光明皇后のトラウマは1人娘の孝
謙天皇（在位749-758）に引き継がれ、道鏡の八幡神託事件に発展するこ
とになります。藤原仲麻呂の台頭と道鏡事件に連動していきます。

67

第3章　皇位継承の危機

1　廬舎那仏と東大寺建立

◆聖武天皇の決意

　聖武天皇の一世一代の念願は毘廬舎那仏（大仏）を造立して国家鎮護と天皇家の安泰を祈願することです。当初、近江国甲賀郡紫香楽宮（滋賀県甲賀市信楽町）近くに造立工事を始めましたが、あいつぐ地震と放火に怯えた天皇は僧良弁（689-774）のすすめで若草山の麓にある良弁の金鐘寺の寺地に大仏と東大寺建立を決意します。天平17年（745）のことです。この年の1月行基を大僧正に任じ、聖武天皇は紫香楽宮から平城京に戻ります。

　現在、紫香楽宮跡を訪ねるためにはJR大阪駅の1番ホームから関西線大和路快速に乗ります。大和路快速はJR難波・大阪駅と奈良・加茂駅（京都府木津市）を結ぶ通勤用の快速列車です。終点の加茂駅から亀山駅（三重県）行の電車に約1時間乗って柘植で降ります。

　柘植からJR草津線貴生川駅で信楽高原鉄道に乗り換え、1つ目の紫香楽宮跡駅という無人駅で下車します。私の場合は東京発6時半のひかりに乗車して紫香楽宮跡駅に降りたときは午後1時半でした。

　この年の『続紀』は4月27日から翌天平18年（746）1月30日までに19回の地震を記録しています。特に地震初日の天平17年4月27日条には「一晩中地震が続いた。美濃国では国衙の櫓・館・正倉・仏寺の銅や塔・人民の家屋が被害を受け、少しでも触れるとたちまち崩壊した」と書かれています。その大地震のためか5月2日から7日間、金光明最勝王経が転読されます。『続紀』9月19日条には体調不良の聖武天皇について次

69

のように書かれています

　　　天皇は不予（病気）であるので、平城・恭仁両京の留守館に「宮中
　　を固く守れ」と勅し、孫王（2世の王）たちをすべて難波宮に参集さ
　　せた。難波宮から使者を遣わして、平城京の鈴（駅令）と印（内印・
　　外印。すなわち天皇御璽と太政大臣印）を取り寄せた。また京・畿内
　　の諸寺および諸々の名高い山の清らかな場所において薬師悔過の法
　　会を行わせ、加茂・松尾などの神社に祈祷をさせ、諸国で所有してい
　　る鷹・鵜を放させた。

　同年9月20日播磨守の阿倍朝臣虫麻呂が奉幣を八幡神社に奉じるた
めに派遣され（天平17年9月20日）、僧玄昉に与えられていた封戸と
財物が没収されます（同年11月17日）。常陸国鹿嶋郡の中臣部20戸
と卜部の者たちに中臣鹿嶋連に氏姓が与えられ（天平18年3月24日）、
百済王敬福が上総守、石上乙麻呂は常陸守、石川年足が陸奥守に任じられ
ます（同4月4日）。

※孝謙天皇即位
　皇太子の阿倍内親王（孝謙天皇）が聖武天皇の譲位を受けて即位する天
平勝宝元年（749）の年にはさまざまなことが起こっています。『続紀』は
孝謙天皇が即位するまでいかなる用意万端の配慮をしたのか詳細に伝えて
います。
　同年4月1日聖武・皇后・安倍内親王の群臣・百僚を伴った廬舎那仏
（まだ未完成）の前で、左大臣橘諸兄が陸奥守小田郡（宮城県遠田郡涌谷
町黄金迫）から黄金が出土したという百済王敬福からの報告や三宝（仏・
法・僧）の奴に仕えることを述べ伝えます。続いて中務卿石上朝臣乙麻呂
が「天下の諸国に金光明最勝王経を置き、廬舎那仏が必要とされる金が東
方陸奥国の小田郡に出土」したと述べ伝えます。
　このようにして同年4月14日天平21年（749）を改めて「天平感宝元

年」とし、4月22日陸奥守百済王敬福から黄金900両（約12kg）が献上されます。5月5日陽候史真身（やこのふみまみ）の子4人にそれぞれ外従五位下の位が授けられます。4人はそれぞれ銭1000貫を寄進したからです。この陽候史真身は九州大隅・日向の隼人の反乱で殺害された大隅国守陽候史麻呂（やこのふびとまろ）の一族です。

　民俗学者の山折哲雄は銭4000貫を寄進した陽候史麻呂について「陽候あるいは陽胡史氏は渡来系氏族で、写経所に仕える経師が多く、彼らは左京に住む下級官人であった。720年（養老4）の隼人の乱は、大隅隼人直坂麻呂による大隅国守陽候史麻呂の殺害に始まり、征隼人持節大将軍大伴旅人、副将軍笠御室、巨勢真人の派遣で収拾した。陽胡兄弟の銭4000貫は大仏の知識銭として献じられたものであったろう」と指摘しています。

　かくして同年7月2日聖武天皇は辞意と孝謙天皇の即位と「不改常典」（改まることがあってはならない皇位継承の掟）にもとづき阿倍内親王に授けると、次のように宣言します。

　　現御神として天下を統治する倭根子天皇（聖武）が述べられるお言葉を承れ。高天原に神としておいでになる天皇の遠祖男神・女神の仰せにより、天皇が統治なされた国を治めるのに、天つ日嗣の高御座の業（わざ）（天皇の位にあるものの主務）である神としての思うと言われるお言葉を、皆承れと申し述べる。

　　奈良の宮で天下を治めた天皇（元正）が仰せられたことには、「口に言うのも恐れ多い近江の大津の天下を統治された天皇（天智）が、不改常典（かわるまじきつねののり）として、初めて定められた法に従い、この天つ日嗣の高御座の業は、朕の大命であるから、あなた（聖武）が嗣ぎなさい、治めなさい」という御命をお体が堪えることができなくなったので、朕の子である主（阿倍内親王）にお授けになると仰せになる。

❖僧良弁の画策

　ところで『八幡大神の神託』の著者清輔道生は、聖武天皇の廬舎那仏造立と小田郡に出土した金の献上について次のように解釈しています。百済

71

王敬福から献上された黄金900両のうち120両は4月末に八幡宮に奉献されたとみています。清輔道生の指摘は『扶桑略記抄（2）』と『東大寺要録（4）』にもとづいています。

清輔道生は、八幡大神が八百万（やおろず）の神を率いて大仏造立成就に尽力するという「天平19年の託宣」や黄金が国内に出現するという「同20年の託宣」は、いかに神通力自在の八幡大神でも不可能だと指摘します。したがって神託を画策したのは、天平勝宝元年（749）11月に八幡大神が入京する際、禰宜大神杜女（ねぎおおがのもりめ）とともに朝臣の氏姓を賜った大神田麻呂だとみています。

なぜなら祝部大神宅部（やかべ）・杜女の託宣どおりに国内から黄金が出土したばかりか、八幡大神に黄金120両も献上され、しかも託宣者大神宅部らに叙位・賜姓まで行われているからです。しかしそのためには誰かが大神氏に事前に正確な情報を伝えていなければならないはずです。しかも陸奥国産金の知識を持ち、百済王敬福との関係もなければなりません。その「誰か」を清輔道生は僧良弁とみています。

良弁が聖武天皇の引き立てによって得度したのは天平5年（735）です。その年、良弁は豊前国宇佐の小倉山に派遣されます。八幡大神の神殿鎮地祭には行基（668-749）が導師を務めていました。このときの小倉山の女禰宜は辛島勝波豆女で、祝部は大神田麻呂です。

良弁は大神氏の始祖大神比義と同じ百済系渡来氏族で鍛冶集団を出自とすると言われています。良弁は金鷲行者（別名、金鐘・金塾・金勝）の名を持ち、比義の金鷲行者（別名、金鳩）と似ています。

金鷲も金鷹も金鳩も「金の鳥」、すなわち「金採り」を意味するからです。良弁は近江国粟田郡金勝山・太神山（たのかみ）付近で山林修行中に金を発見、金鷲（比義）は豊後国日田郡仲津尾の洞（鯛生金山）を発見したことでも似ています。

陸奥国小田郡黄金出土の情報はすぐ良弁の耳に入り、陸奥国守百済王敬福は良弁の指示によって、その指定日に多量の黄金出土の報告と献上にいたったのです。良弁が自己の身分・地位を不動ものとするためには、さら

に八幡大神を上京させることでした。

　陸奥国からの金の献上に気をよくした朝廷は３年の調・庸を免除し、金の発掘に貢献した陸奥国介に大掾を叙位します。そして金を獲った丈部大麻呂や小田郡の丸子連宮麻呂や、金の出た山の神主らに叙位します。

　さらに同じ日に大安寺・薬師寺・元興寺・東大寺の５寺と弘福寺（川原寺）・四天王寺の２寺、ほかに崇福寺（天智天皇が大津宮の鎮護のために建てた寺）・建興寺（豊浦寺）・法華寺などにそれぞれの規模にしたがって絁・真綿・稲・墾田を喜捨します。

※紫微中台の長官藤原仲麻呂

　このように天平勝宝元年（749）７月２日即位した孝謙天皇ですが、翌月の10日大納言正三位の藤原仲麻呂を紫微中台の長官に任じます。紫微中台はもともと皇后宮職・皇太后宮職と呼ばれる家政機関にすぎない組織ですが、光明皇太后の命令（令旨）を施行・兵権を発動する機能をもつようになり、仲麻呂の権力拡大とともに国家の実質的な最高権力機関・軍事機関へと変貌します。

　同年10月９日太上天皇聖武は河内国の知識寺に行幸します。この寺は現在の柏原市大平寺に寺跡があり、聖武天皇の東大寺大仏の建立の発願は、９年前の難波行幸の折にこの寺の廬舎那仏を見た感動が契機になっています。同月14日聖武天皇は石川のほとりに行幸して、志紀・大県・安宿の３郡の人民の100歳以下、小児以上に年齢に応じて真綿を授け、また３郡の人民が出挙で負っている正税の本稲と利稲の税を免除します。

※八幡大神の入京

　天平勝宝元年（749）11月１日八幡大神（宇佐八幡）の禰宜・外従五位下の大神杜女、主神司の従八位大神田麻呂の２人が氏姓を賜ります。11月19日八幡大神は託宣して京に向かいます。参議の石川朝臣年足と藤原朝臣魚名（藤原不比等の孫、房前の子）を迎神使とし、八幡大神が通過する国での殺生を禁じます。

73

12月18日官人10人と散位20人、六衛府の舎人それぞれ20人を派遣して八幡神を平群郡（生駒市）に迎えます。この日八幡神は京に入ると、天皇（孝謙）・太上天皇（聖武）・皇太后（光明子）も同じく行幸します。12月27日八幡大神の禰宜尼・大神朝臣杜女は天皇と同じ紫色の輿に乗って東大寺に参拝します。

この日孝謙天皇・太上（聖武）・皇太后（光明子）に続き、百官およびすべてが東大寺に集まります。僧5000人を講じ、大唐楽・渤海楽・呉舞と5節の田舞・久米舞を上演させ、大神に一品、比咩神に二品を賜ります。

ちょうどこの年（干支は己丑）は干支一運60年前の持統天皇3年の己丑の年（689）にあたり、飛鳥浄御原令（日本古代国家の法典）が天武天皇の命令で編纂開始され、持統天皇3年（689）に施行された年（己丑）です。飛鳥浄御原令の内容は大宝令（701年施行）とほぼ同じと推定され、また女性天皇孝謙の即位は同じ女性天皇持統の即位に因むものと考えられます。

2　雄勝城と保呂羽山

◈雄勝城造営の背景

孝謙天皇が即位してから9年目の天平宝字2年（758）、天皇孝謙は譲位して藤原仲麻呂の養子大炊（淳仁天皇。天武天皇の孫、舎人親王の子）が即位します。右大臣の兄豊成に代わった仲麻呂は「右大臣」を唐風の「大保」に変え、自らの名を「恵美押勝」とします。

この年の前年から開始された対エミシ積極策の一環として父仲麻呂の意向を受けた三男朝獦は陸奥の桃生城（宮城県桃郡生河北町）と出羽の小勝（雄勝）城（秋田県雄勝町足田）の造営にとりかかります。両城は2年後の760年に完成しますが、朝獦は762年に多賀城と秋田城の修理補強も行っています。

この朝獦が修理した多賀城の多賀城碑こと壺碑に「参議東海東山節度使従四位上仁部省卿兼按察使鎮守将軍藤原恵美朝獦朝修造也　天平宝字六

第3章 皇位継承の危機

年十二月一日」と刻まれています(『古代七つの金石文』参照)。

　天平9年(736)の藤原麻呂の報告のところでも述べましたが、保呂羽山波宇志別神社(横手市大森町八沢木)の創建は社伝によると759年(天平宝字3)となっています。保呂羽山(標高438m)が日本海側の由利本庄と横手盆地の仙北・平鹿の接点となっていることからも波宇志別神社は多賀城→雄勝城→秋田城を結ぶ要衝の地として祭られた神社の可能性が大です。

　また雄勝城(柵)は藤原仲麻呂が「橘奈良麻呂のクーデター」(後述)に対して行った際の諸王たちの流刑地として受皿となっていることは見逃せません。橘奈良麻呂の変から3年後の

保呂羽山山頂に鎮座する波宇志別神社

『続紀』天平宝字3年(759)9月25日年条によると淳仁天皇は次のように勅しています。

>　陸奥国の桃生城・出羽国の雄勝城をつくらせているが、事に従っている郡司・軍毅・鎮守府の兵士・馬子ら合わせて8186人は、今年の春から秋に至るまで、すでに故郷を離れて生業にかかわっていない。朕はこれを思うごとに心中深く哀れんでいる。彼らが今年負担する出挙の税を免除宇するようにせよ。

　そして初めて出羽国の雄勝郡・平鹿郡の2郡に玉野・避翼・平戈・横河(雄勝町横堀)・雄勝(羽後町糠塚)・助河(横手市増田町)ならびに陸奥国の嶺基などに駅家を置きます。2日後の「続紀」9月27日条に次のように記録されています。

>　坂東の8国と越前・能登・越後の四国(越中脱落)の浮浪人2000

人を雄勝に柵戸とした。また相模・上野(かずの)・下総(しもふさ)・常陸(ひたち)・上野・武蔵・下野の7ヵ国から送られてきた兵士の武器を一部保留して、雄勝・桃生の2城に貯えた。

※淳仁天皇の詔

その結果、翌天平宝字4年（760）正月4日の論功行賞の詔は次の通りです。

　　昔、先帝（聖武天皇）はたびたび明らかな詔を下して、雄勝城(おがちのき)を造らせた。しかしその仕事はなかなかむつかしくて、前任の将軍は困らせられた。しかしながら今の陸奥国の按察使兼鎮守将軍・正五位下の藤原恵美朝獦(あぜち)らは荒蝦夷(あらえみし)を教え導いて、皇化に馴れ従わせ、一戦も交えることなく雄勝城を完成させた。
　　また陸奥国牡鹿郡では大河（北上川）をまたぎ、高く険しい峰を越えて桃生柵をつくり、賊の急所である地点を奪った。かえりみてその功績を思うと、褒美として位置をあげるのは当然である。

前任の将軍とは天平5年（733）の雄勝村を征して秋田城に至る道を開こうとした将軍大野東人を指しています。この正月4日に位階授与された者は朝獦のほか朝陸奥介兼鎮守副将軍の百済足人、出羽守小野竹良、出羽介百済王三忠、鎮守軍監葛井連(ふじい)立足、出羽掾玉造金弓らの名が見えます。

　このような位階授与から推してみるに、藤原仲麻呂は先人たちが果たせなかった雄勝と桃生城の造成とエミシ討伐と支配にいかに力を注いでいたのかを知ることができます。以来、雄勝・平鹿・仙（山）北郡の俘囚は元慶の乱（877年の雄物川以北のエミシの反乱）まで約100年間鎮静を保ち、かつ元慶の乱では雄勝・平鹿・仙北郡の俘囚は朝廷側（官軍）について戦っています。（『エミシはなぜ天皇に差別されたか』参照）。

　こうしてみると藤原仲麻呂の出羽国のエミシ植民政策は大きな成果を上げたもの考えられます。おそらく保呂羽山波宇別神社はその成果の名残と

言えるでしょう。しかしエミシ植民政策も中央における反仲麻呂のグループに対する過酷な弾圧と同時に行われたことを振り返って検証してみなければなりません。

　藤原仲麻呂の別称、「恵美押勝」はまさに"エミシに押し勝つ"から付けた名と勘繰られてもおかしくはありません。この頃の「続紀」は「雄勝城」を「小勝城」（差別語）と書いています。いわゆる"天平宝字"に因んだのでしょう。また第29代天皇欽明の和風諡号は「天国排開広庭」ですが、藤原仲麻呂は日本古代史上最強の大王ワカタケル（稲荷山鉄剣銘文）にあやかったのもしれません。

3　廃帝淳仁天皇

◈藤原武智麻呂の子仲麻呂

　ところで「恵美押勝」という華麗で勇壮な名に変えた年から6年も経たないうちに"穢い心の仲末呂"と呼ばれようとは、当人はもちろん周囲のだれが想像したでしょうか。日本古代史の研究で大きな業績を上げ、かつ稲荷山鉄剣銘文の解読でもその名を知られる岸俊男（1920-1987。歴史学者）が『藤原仲麻呂』の序文で次のように書いているのは印象的です。

　　それは桜島が大爆発を起こす数ヵ月前のことであった。天平宝字8年（764）9月28日大師正一位藤原恵美朝臣押勝、すなわち藤原仲麻呂は、湖北の砂浜を朱に染め、参河国（三河国）出身の一兵士によって妻子・従類とともに主首をあげられた。洋の東西を問わず、一国の宰相にして非業の最期を遂げた者は多い。しかし藤原仲麻呂は正一位太政大臣、その極位極官から一転して「官軍の追討」を受け、「逆賊」として「誅に服し」たのである。波乱の多い日本の歴史にも前後の例を見ない事例である。

慶雲3年（706）生まれの仲麻呂は天平9年（749）の天然痘で亡くなった藤原4兄弟の長子武智麻呂（南家）の次男です。兄に豊成がいます。ほかの3兄弟の房前（北家）・宇合（式家）・麻呂（京家）にも不比等の孫がいます。後に活躍する孫たちを列挙すると、次男の房前に鳥飼・永手・真楯・清河・魚名、三男の宇合は広嗣・良継・清成・百川・倉下麻呂です。先述の宇合の長子広嗣は大宰少弐のとき反乱罪で斬刑されます。

◈安積王毒殺説

藤原不比等には4兄弟のほかに3人の女子がいます。宮子（文武夫人、聖武天皇の母）・安宿媛こと光明子（聖武天皇の妃。母は橘三千代）・藤原長娥子（不比等の二女。長屋王の妾。安宿王・黄文王・山背王を生む）です。

このなかで聖武天皇と同じ大宝元年（701）生まれの光明子は霊亀2年（716）に聖武天皇の妃となり、727年（神亀4）に基王（男子）を生みますが、その基王は誕生日を迎える前に亡くなります。そこで養老2年（718）生まれの阿倍内親王（孝謙）が立太子します。

その1年前聖武は武智麻呂と房前の娘を妃とします。しかし2人の娘は男子を生むことができません。聖武天皇には県犬養広刀自の間に安積王がいましたが、聖武天皇が天平16年（744）難波宮行幸の最中、安積王（当時17歳）は急死します。

安積王は安宿媛（光明子）の生んだ皇太子基王が夭折した年に生まれています。阿倍内親王が立太子しても安積王は依然として有力な皇位継承者ですから、仲麻呂毒殺説が出る所以です。ちなみに皇太子の諱「基」はだれであるか不明であるとを示す「某」の字の誤写という研究者もいます。

天平16年の正月行幸を恭仁京（京都府木津川市加茂町）にするか難波京にするかの五位以上の官人による意見が集められ、181対153で恭仁京が優勢でした。当時、藤原仲麻呂は参議民部卿左京大夫として才覚を発揮しています。一方では聖武天皇は紫香楽（滋賀県甲賀市信楽町）行幸中に盧舎那仏金銅像造立の詔を発布したので行基らが事業の援助のために乗り出します。

こんななか聖武天皇の難波京行幸は反対が優勢であるにもかかわらず強行されます。その時仲麻呂は鈴鹿王（高市皇子の次男）とともに留守宅官として恭仁京にいましたが、天皇に同行した安積王は脚気と称して恭仁京に引き返します。そこで安積王が急死したのですから仲麻呂らに暗殺されたのではないかという噂が立ったのです。

◈道祖王・黄文王・大伴古麻呂・橘奈良麻呂らの処刑

　天平勝宝8（756）5月19日太上天皇（聖武）が死去しますが、聖武の遺言により道祖王（天武天皇の孫。新田部親王の子）が皇太子になります。その3ヵ月前の2月橘諸兄は左大臣を辞職し、翌年1月6日に死去します。そしてその2ヵ月後には皇太子道祖王が廃太子とされます。続いて道祖王の兄塩焼王、池田王（舎人親王の子）が皇太子候補にあがりますが、4月4日孝謙天皇の意向を受けて藤原仲麻呂の養子大炊王（舎人親王の七男）が皇太子と決まりました。

　藤原仲麻呂の三男藤原朝獦が桃生城と雄勝城の造営にとりかかったのは、橘諸兄が亡くなった年の4月です。そして仲麻呂が紫微内相に任命されたのは5月です。翌月、仲麻呂は「集会や集団行動の禁止、武器の携帯の制限」など5ヵ条の戒厳令を発します。橘奈良麻呂（橘諸兄の子）は兵部卿から右大弁に格下げされ、大伴古麻呂は陸奥按察使兼陸奥鎮守将軍として陸奥国に左遷されます。

　同年6月28日長屋王の子山背王が「橘奈良麻呂が武器を集めて田村宮（仲麻呂邸に大炊王が同居）を包囲しようとしている」と密告します。この密告に端を発した相次ぐ密告によって道祖王・黄文王・大伴古麻呂は拷問を受け、処刑されます。仲麻呂の兄で右大臣豊成は大宰帥として左遷されます。

　ただ首謀者の橘奈良麻呂については『続紀』に記録されていません。獄死したと思われますが、後に奈良麻呂の孫の嘉知子が嵯峨天皇の皇后（檀林皇后）となったために記録が抹消されのではないかと言われています。

　ちなみに今年（2018）7月15日から22日にかけて六本木の俳優座で橘

嘉智子の運命を題材とする「女人嵯峨」（劇団俳小特別プロジェクト公演。演出：中野誠也）が上演されましたが、桓武天皇後の皇位継承の凄まじい争いは天皇の起原＝日本および日本人の歴史に迫る見ごたえのある芝居でした。

この事件で長屋王の子で安宿王の弟黄文王は久奈多夫礼と呼ばれ、道祖王は麻度比王と呼ばれます。「多夫礼」とは誑かす者で、「麻度比」は惑うという意味です。

淳仁天皇は「久奈多夫礼に欺かれて陰謀に加わった者は、都の土を踏むことは汚らわしいので出羽国小勝村の柵戸の移住させる」と発表します。黄文王は母藤原長娥子が藤原不比等の次女であったことから死罪はまぬがれます。

このようないわゆる凶悪な反逆の徒やクーデターに関係した者は辺境の城（柵）に流されます。しかし天皇の発表だけでは「辺地」がどの地を指しているのか、どの位の人間が流されたのかははっきりしません。いずれにしても兵が駐屯した辺鄙なところですから、陸奥の桃生城か出羽国の雄勝城でしょう。

一見、藤原仲麻呂は最高位を極めますが、天平宝字４年（760）６月７日光明皇后の死去によって、その影響力は急激に低下します。事実、同６年６月淳仁天皇と孝謙天皇との関係が悪化します。

『続紀』によると淳仁は五位以上の官人の前で太上天皇（孝謙天皇）から次のように宣告されます。「淳仁は私に恭しく従うこともなく、言うべからざることを言い、なすまじき事をしてきた。これは私が愚かなためにこのように言うのであろうか。したがって政事のうち恒例の祭祀などの小さなことは今の帝が行い、国家の大事は私が行う」

4 『続日本紀』の藤原仲麻呂伝

光明皇后が亡くなって４年目の天平宝字８年（764）９月11日藤原恵美

押勝の謀反の企てが明らかにされ、高野（孝謙天皇）は淳仁天皇の駅令と内印（天皇の御璽）を回収します。対して押勝は息子の訓儒麻呂にこれらを奪取させます。高野天皇は授刀少尉の坂上苅田麻呂と授刀将曹の2人に訓儒麻呂を射殺させます。そして天平宝字8年（764）9月18日を迎えます。『続紀』は藤原仲麻呂こと恵美押勝について次のように伝えます。

　9月18日軍士は岩村村主石楯が恵美押勝を斬殺し、その首を京師に伝達された。押勝は近江朝（天智朝）の内大臣藤原朝臣鎌足の曾孫で、平城朝（聖武朝）の贈太政大臣・藤原武智麻呂の第2子である。彼の性格はさとく、理解が早く大抵の書物は読んでいた。大納言の阿倍少麻呂について算術を学び、その術にとりわけ精通していた。

　内舎人から大学少允に転じて天平6年に従五位を授けられた。顕職（地位の高い官職）を歴任した。天平勝宝元年、正三位・大納言で、紫微令と中衛大将を兼任し、重要な政治はすべて彼1人の判断で行われた。このため他の豪族や、名門の出の者はみな彼の勢力を妬んだ。天平宝字元年には橘奈良麻呂らが謀議して彼を排除しようとした。しかしそのねらいが天皇の廃位まで及ぶことはなかったために、逆に滅ぼされた。

　その年彼（仲麻呂）は紫微内相に任じられ、同2年、大保（右大臣）を拝命した。天皇（孝謙天皇）の手厚い勅があり、姓のなかに恵美の2字を加え、名を押勝と呼び、功封3000戸と田100町を賜った。また銭貨の私的な鋳造や、私出挙（個人所有の稲・酒・金銭などを貸し付けて利息をとること）をすること、および恵美という家印を用いることが許された。

　同4年、大師（左大臣）に転任し、その息子の正四位上真先と従四位の訓儒麻呂・朝雁はそれぞれ参議となり、従五位下の小湯麻呂・従五位下の薩雄・辛加知・執棹は、みな衛府や関のある国の国司に任命された。その他の顕官・要職も、押勝の姻戚でないものはなかった。ひとり権勢をほしいままにして、人を疑ってこれに備えることが日毎

に甚だしくなった。

その頃、道鏡が宮中にはべって天皇に寵愛されるようになった。押勝はこれ妬んで心がおのずから安らかではなかった。そこで高野天皇はそれとなく知らせ、「私は都督使となり、兵士を掌握して自衛し、諸国の兵を試練する法に則って、管内の兵士を国毎に20人宛て、5日間交替で都督府に集め、武芸を検問することにします」と決めた。

申し上げておいて、後から勝手にその兵士の数を増やし、太政官の印を使用して、これを下部に直ちに通達した。大外記の高丘比良麻呂は、禍いが自分におよぶことを恐れて密かにそのことを上申した。中宮院（淳仁天皇の御所）の駅令と内印を高野天皇が回収されると、ついに押勝は挙兵して反乱を起こした。その夜、押勝は仲間を呼び招き、宇治から近江国へ逃走し、ここを拠り所にしようとした。

しかし山背守の日下部子麻呂・衛門少尉の佐伯伊多智らが、直ちに田原道（南山城の田原から竜門を経て、近江勢多に通じる）を経て、先に近江に入り、勢多橋を焼いた。押勝はこれを見て色を失い、直ちに高嶋郡に走り、前高嶋郡少領の角家足の宅に泊まった。

この夜、押勝が寝ている家の上に星が落ちた。その大きさは甕ぐらいであった。伊多智らは馬を駆って越前国に入り、越前守の恵美辛加智を斬った。押勝はそのことを知らず、塩焼王を偽って擁立し、今の帝とし、息子の真先と朝獦らを皆三品とした。他の者の位はそれぞれ身分によって差があった。そして選りすぐった兵数10人を遣わして愛発の関に入ろうとした。しかし授刀舎人の物部広成らが拒んで押勝らを退却させた。

押勝は進退の拠り所をなくしてそのまま船に乗り、浅井郡の塩津に向かおうとしたが、突然、逆風にあい、船が漂流して沈没しそうになった。このため上陸して更に山道を通り、直ちに愛発の関を目指した。伊多智らはこれを拒み、押勝軍の8、9人が矢に当たって死んだ。押勝はまた引き返して高嶋郡の三尾（琵琶湖西岸）に至り、佐伯三野や大野真本らと戦った。昼頃から申の刻（午後3時から5時）頃まで

に及び、官軍は疲れがひどくなった。その時、従五位下の藤原蔵下麻呂が兵を率いて突如到着した。真先らは手勢を引き連れ退却した。三野らはこれに乗じて押勝軍を多数殺傷した。

　押勝は遥かに手勢の敗れるのを見て、船に乗って逃げた。官軍の諸将は水陸の両方からこれを攻め、押勝は勝野（高島町）で、精兵の兵力を尽くして防ぎ戦った。官軍はこれを攻め撃ち、押勝の軍勢は敗れてちりぢりになり、押勝は妻子3、4人と船を逃れ、鬼江の水上に浮かんだ。そこで石村村主石楯が捕らえて斬った。ただ第6子の刷雄は年少のころより、仏道修行をしていたという理由で死を免じて隠岐国に流した。

　仲麻呂の第6子刷雄（よしお）については若干の説明を要します。刷雄は天平宝勝宝4年（756）遣唐使の留学生として藤原清河（北家房前の子）に随行します。隠岐に流罪後、宝亀3年（772）に赦免され、宝亀5年に但馬介、ついで但馬守に任じられます。そして延暦10年（791）陰陽頭に任じられています。

　ちなみに刷雄は兄弟の薩雄との同一人物説がありますが、仏道修行の故に「菩薩」に通じる"薩"の字を与えられた刷雄が、恵美押勝の乱で旧名の刷雄に戻されたのではないかと指摘する研究者がいます。おそらくその通りかもしれません。

❖高野天皇の詔

高野天皇は乱鎮圧2日後の同年9月20日次のように詔をします。

　道理に背いた穢（きたな）い心の仲末呂は詐（いつわ）りねじけた心で兵を挙げ、朝廷を転覆させようとして、駅令と内印を奪い、また皇位を掠（かす）めようとして、先に捨てしりぞけられた道祖王の兄塩焼王を皇位に定めたと言って、太政官印を押して天下諸国に文書をばらまいて告げ知らせ、仲末呂いわく「今の勅令を承って用いよ。先に偽って勅令といっているも

のを承って用いてはならぬ」といって諸人の心をまどわせ、三関に使者を送ってひそかに関を閉じさせ、1、2の国に兵士を差し出すことを求め、兵士を徴発させた。

これを見ると仲末呂の心が道に反して、よこしまであることがわかる。従って彼が先に奏上したことは、1つ1つ偽りとへつらいであったのだ。このことを思うと、ただ自分1人だけが朝廷の勢力を握って、賞罰のことを専ら自分の欲しいままに行おうと思い、兄の豊成朝臣を讒言して位を免じてこの数年来、そのままにしてきたのである。しかし今は明らかに仲末呂が偽っていたのだとわかって、豊成を元の大臣の位に仕えさせることを、みな承れと申し告げる。

また仰せになるに、穢く心がねじけた奴が、政治の根本を握っていて奏上したことにより、諸氏の人々の位を進め使うことが、道理にかなっていなかった。そこで今から後は仕え申す様子に従って進め用いることにしよう。

さて、あれ（仲末呂）が奏上したことは「この禅師（道鏡）が昼夜朝廷を守り仕え申し上げる様子を見ていると、道鏡の先祖が大臣としてお仕え申し上げた地位と名を受け継ごうと思っている野心のある人物である」と言って、「退けられますように」と申したけれど、この禅師の行いを見るに、いたって浄らかで仏法を受け継ぎ広めようと思われ、朕をも導き譲って下さるわが師をどうして簡単に退け申せようかと思ってきた。

ところで朕は髪を剃って仏の御袈裟を着ているけれども、国家の政治を行わないでいることができない。仏も経典で仰せられていることは、「国王は王位についておられる時は、菩薩を守るべき浄らかな戒を受けなさい」と仰せられている。

これによって思うと、出家しても政治を行うことに、何ら障害なるものはない。そこでこのようなわけで、天皇が出家しておいでになる世には、出家をしている大臣もあってはよかろうと思って、自分から願っておられる位ではないけれども、この道鏡禅師に大臣禅師という

位をお授けすることを、みな承れと申し告げる。

　天下の人は誰が君主の臣下でないことがあろうか。心浄く仕え申し上げる、これこそまことの朕の臣下であろう。いったい人間として自分の先祖の名を興し、その名を継ぎ広めようと思わない者はない。それゆえ明るく浄い心をもって、お仕え申し上げれば、氏々の門流を絶やすことなく治め賜るであろう。

　道鏡禅師を大臣禅師に任ずる。所司はよろしくこの事情を承知するように。職分の封戸は大臣に準じて2000戸を施行せよ。

86

第4章　法王道鏡と八幡神託

1　万世一系天皇と王位継承

❖天武系王統の最期の女帝

道鏡の出現は万世一系天皇すなわち「不改常典」が危機を迎えたことを物語っています。金光明最勝王経と王位継承の関係は諸刃の刃です。男子を生むことができなかった光明皇后にとって独身の娘阿倍皇女（孝謙）は天武系王統の最後の天皇を意味します。

壬申の乱（672年）以後、天武系王統（673-770）の約100年間は天武→持統→文武→元明→元正→聖武→孝謙→淳仁→称徳（孝謙重祚）と続きます。この王統は天皇制の歴史のなかでも10人の天皇のうち5代（4人）が女性天皇という異例なケースです。

光明皇后の「変性男子」の苦しみは、長屋王を自殺に追い込んだ従兄弟の藤原武智麻呂の策謀、光明皇后への玄昉の接近、藤原弘嗣の反乱、聖武天皇の謎の彷徨と関係があり、天武系王統の皇位継承が断絶の危機を迎えることの前兆だったのです。

孝謙天皇と道鏡の関係はちょうど孝謙の母光明皇后と玄昉のそれに極めて類似しながら、もっと激しく、はるかに複雑に再現されます。王位継承に宇佐八幡の神託（宗教）と藤原氏の政治的圧力が加わったからです。ここでは僧侶にして政治の最高枢機を掌握した道鏡を中心に孝謙天皇と託宣の神八幡の関係を明らかにすることにします。

❖道鏡の素性

『続紀』光仁天皇宝3年（773）4月7日条に「俗弓削連、河内人也云々」

と記されているように、道鏡は河内国若江郡弓削郷に生まれます。弓削郷は後の中河内郡曙川村大字弓削ですが、曙川村は現在の大阪府八尾市一帯です。道鏡が出自とする弓削氏はもともと弓を製作する部の伴造（大王に奉仕する集団）と言われています。

　藤原仲麻呂が孝謙天皇に「道鏡の先祖にはよからぬ大臣がいて、道鏡はその大臣にならって、天皇を継ごうとしている」と言ったという、その大臣は物部弓削守屋だという説がまことしやかに伝わっています。

　『日本書紀』では物部守屋大連は大臣蘇我馬子との仏教戦争で殺害されます。その時の守屋の本拠地が弓削郷（八尾市）であることは確かです。もっと興味津々な伝承記録があります。これは『道鏡』（吉川弘文館）の著者横田健一が指摘していることです。

　横田健一は『先代旧事本紀』（『旧事本紀』）に記載されている「物部尾興連、敷島金刺宮御宇天皇（欽明）御世、大連として神宮（石上）を奉斎し、弓削連倭古連女子阿佐姫、次の加波流姫のおのおのを妻となし、兄は四児、弟は三児うむ」という記事から、守屋が母方の里弓削で育ったので「弓削の守屋」と呼ばれたのは不自然ではないとしています。

　ちなみに『旧事本記』は神代から推古天皇までの歴史書ですが、大半は『古事記』『日本書紀』から拾い集めて編纂されたのであり、成立は平安初期とされています。道鏡の先祖は物部守屋であったという説のもとは本居宣長ですが、多くの学者も認めていることです。

　確かに『日本書紀』崇峻即位前紀には「蘇我馬子の妻は物部守屋の妹である」と書かれています。また同皇極2年（643）10月条には、「蘇我大臣蝦夷が病気で朝廷に出なかったとき、紫冠を子の入鹿に授け、大臣の位になぞらえた。またその弟を呼びて物部大臣という。大臣の祖母は物部弓削大連の妹なり。ゆえに母の財によって威を世にとる」と記されています。ということは蝦夷の母、すなわち馬子の妻は物部弓削守屋の妹ということになります。

　ただし「弟を呼びて物部大臣」では意味が通じないので「弟は第＝邸の間違い」という武田武尊の指摘が研究者の間では通説になっています。

すると物部大臣は入鹿の弟ではなく、母（馬子夫人＝守屋の妹）の財をえて世に威を振るったのは入鹿です。入鹿は祖母守屋の妹が蘇我氏に嫁にいったときに持参した財（土地・邸）で権威を振るったことがわかります。

◈馬子に没収された守屋の領地

　この問題にこだわるのは、『蘇我馬子は天皇だった』や『聖徳太子はいなかった』の著者の石渡信一郎が、物部守屋大連と蘇我馬子の争いは実は敏達天皇と広姫の間に生まれた彦人大兄皇子と蘇我馬子の王位継承の争いとしているからです。しかも彦人大兄は舒明天皇の父であり乙巳（645年）のクーデターの実行者中大兄（天智天皇）の祖父にあたります。

　『日本書紀』崇峻天皇即位前期（587年）条によれば、馬子・聖徳太子連合軍は守屋が籠った渋川（八尾市渋川）に迫ります。守屋はたまらず北方の衣摺（東大阪市衣摺）まで後退しますが、木に登ったところを迹見赤檮に射殺されます。これによって、守屋の軍はたちまち総崩れとなります。

　時の人は「蘇我大臣の妻は、物部守屋の妹だ。大臣は軽々しく妻の計を用いて、大連を殺した」と噂をします。乱の後、馬子は摂津の国に四天王寺が造り、守屋大連の家の奴婢半分と居宅を分けて、四天王寺の奴・田荘とし、誓願通りに法興寺（飛鳥寺）を建てます。

　横田健一の『道鏡』によると、『四天王寺御手印縁起』（天元2年＝979年頃成立）というものがあり、それには守屋が河内国渋川阿都の家で攻め殺されたときに没収された土地と奴婢の目録が記されています。その目録によると物部守屋の子孫従類273人が寺の奴婢、没官所領18万6890代（373町7反240歩）が寺の財産とされています。馬子によって没収された領地は河内国弓削・鞍作・祖父間・衣擦・蛇草・足立・御立・葦原・摂津国於勢・漠江・トビ田・熊凝など広範な地域です。守屋の子孫類従は273人が弓削5村に家をおいたと記されています。ということは守屋の一族が奴婢として弓削一帯に住み天皇の寺に仕えていたということになります。

　「鞍作」について『日本書紀』皇極天皇4年12日条に「中大兄（天智）は地に伏して〝鞍作（入鹿）は天皇家をことごとく滅ぼして皇位を傾けよ

うとしました。どうして天孫を鞍作に代わりましょうか"と申し上げた（蘇我入鹿はまたの名は鞍作）。」とあり、また同年同月 13 日条に「この日蘇我蝦夷と鞍作の屍を墓に葬ることを許し、また哭泣を許した」と書かれています。

※道鏡＝志基皇子王子説

　このような歴史史料を背景に生まれた説かどうかはっきりしませんが、道鏡が天智天皇の第 7 志基皇子（母は託基皇女。?-716）の子だという説があります。対して横田健一は志基皇子の王子として判明しているのは光仁天皇（白壁王、桓武天皇の父）をはじめとする湯原親王・海上女王・榎井親王・春日王であって、道鏡兄弟（道鏡と淨人）の可能性はほとんどないと指摘しています。しかし喜田貞吉（1871-1939）は「道鏡皇胤論」（『史林』6 ノ 4）でその可能性ありとしています。

　横田健一は「道鏡＝志基皇子王子説」の根拠について、河内郡大字弓削に式内弓削神社があることから志紀も弓削氏一族の本拠地であったからだとしています。そして志紀の地名と弓削氏の連想が、道鏡出自についての志基皇子との関係を造作させることになったと推理しています。

　私がこのような不確定要素の多い「道鏡＝志基皇子の子」をとりあげるのには理由があります。拙著『仁徳陵の被葬者は継体天皇だ』に書きましたが、稲荷山鉄剣銘文の「獲加多支鹵大王寺在斯鬼宮時」（ワカタケル大王の寺、シキの宮に在る時）の「斯鬼宮」について、石渡信一郎はこれまでの見解を変えて、この「斯鬼宮」は「大和橿原の明宮」ではなく、藤井寺市総社の地（総社 2 丁目の国府遺跡）としているからです。

　国府遺跡は 1979 年の発掘調査により衣縫廃寺とわかりました。出土瓦から飛鳥寺と同版であることも判明し、6 世紀末の建立と推定されています。国府址の西 300 ｍの所に志紀県主神社が鎮座しています。

　聖武天皇夫人の安宿媛（後の光明皇后）の母県犬飼三千代の本貫は古市郡とされ、安宿媛の名も隣郡の安宿郡によるものだ、と歴史学者の岸俊男は指摘しています。また聖武天皇の夫人県犬養広刀自は聖武天皇との間に

朝積王、井上内新王、不破内親王を生み、親子ともども皇位継承の余波を受けて悲劇的な運命をたどっています。

　藤原不比等の後妻で安宿媛の母県犬飼三千代と聖武天皇の妃県犬養広刀自が出自とする犬飼部氏の本貫地が一緒であるかどうかは判断つきかねますが、『日本書紀』崇峻天皇即位前紀に物部守屋大連の難波の邸宅を守護して資人捕鳥部万と桜井田部連胆淳のそれぞれの飼い犬の話がでています。

　桜井田部連胆淳の居住地は恵香川近くとされ、恵香川は現在の大阪藤井寺と柏原市の境を流れ、石川と大和川の合流地に流入していたと考えられます。その近辺一帯は物部守屋と馬子の戦場となり、壬申の乱の戦場ともなっています。志紀県主神社も間近に鎮座しています。

　『日本書紀』天武天皇13年（684）12月条に宿禰姓を与えられた50氏の中に桜井田部連と県犬養連の名がありますが、いずれも石川と大和川の合流地点の左岸一帯を本貫としていたことが想定されます。

2　法王道鏡の出現

※文献上の道鏡の初出

　横田健一著の『道鏡』によると、道鏡が文献上に初めて登場するのは天平19年（747）の正倉院の記録「東大寺良弁大徳所使沙弥道鏡」という記録です。正倉院の記事かから道鏡が沙弥として大徳良弁に仕えていたことがわかります。

　沙弥とは具足（僧が守らなければならない戒律）を受けた正式の僧侶以前の僧をいいますが、実際は僧の下働きをします。また正式なルートによらない私度僧がいます。道鏡が良弁の下で働く前に私度僧であったかどうかはわかりません。

　天平19年というと孝謙天皇が即位する2年前の天平勝宝元年（749）のことであり、玄昉が死去する1年前です。朝廷はこの年の9月には東大寺大仏に塗る金を探し求めています。横田健一によれば東大寺要録にこの年

の12月に下野から金が出たと記録されています。

　これによると伊勢大神宮の示現（神仏のお告げ）により石山寺（滋賀県大津市石山寺）をつくり、如意観音像と執金剛神を安置したからとされています。この石山の地は後に道鏡が孝謙天皇を治癒するための保良宮があったところです。それでは金の出土と良弁のもとで沙弥になった道鏡とは何か関係があるのでしょうか。そして道鏡が内道場に入って禅師になったということは具体的にはどのようなことを意味しているのでしょうか。内道場は宮廷内の仏を礼拝修行とする修行ですが、日本では天平7年（735）に唐から帰国した玄昉僧正を尊んで内道場に安置したという『続紀』天平18年6月1日条が初見とされています。したがって内道場ができたのは玄昉が僧正になった天平9年8月頃と推定されます。

◈政治と宗教を掌握する太政禅師

　内道場が宮廷内に設けられること自体、僧侶の政治に介入する機会が増え、宗教が政治に影響を与える可能性が大きくなります。事実、藤原広嗣の乱の第1の目的は玄昉と吉備真備を除くことにあったのです。そして道鏡こそ内道場の一禅師から太政禅師となり政治と宗教を掌握することになります。

　ところで禅師という言葉は曖昧ですが、日本では古くは禅行と呼ばれ山林修行を行った僧に対する敬称として広く用いられ、僧医として治療活動を行う者に対しても与えられていたと考えれば道鏡の存在がより理解できるでしょう。その点では道鏡は遣唐使に学問僧として随行した在唐18年の玄昉とは異なります。

　玄昉は聖武天皇の母藤原宮子の病気を祈祷することにより回復させています。玄昉と藤原宮子の関係は道鏡と孝謙天皇の関係に似ていますが、大きく違うのは道鏡の相手孝謙天皇は独身の女性であり、よって子もなく後継者（皇太子）が決まっていなかった天皇であったことです。

　それでは道鏡が孝謙天皇に用いた宿曜秘法とはどのようなものだったのでしょうか。横田健一は正倉院文書から道鏡が読んだ経典から判断し

て『仁王経』『最勝王経』『大般若経』が重んじられ、玄昉の学んだ法相宗が少なく、おそらく如意輪法や宿曜秘法（密教）にもっとも力を入れたのではないかと推測しています。この点、道鏡は役小角（飛鳥時代の呪術者、修験道の開祖）、宇佐の法蓮（宇佐弥勒寺の初代別当。医薬に長ける）、越の泰澄（682-767。白山を開山）に類似しています。

　孝謙天皇が道鏡を保良宮に呼んで病の治療を受けたのは天平宝字元年（757）の天皇が45歳の時と言われています。この年は孝謙が大炊王（淳仁天皇）に譲位する1年前であり、3月皇太子の道祖王（天武天皇の孫、新田部親王の子）が廃太子され、4月大炊王の立太子、5月は藤原仲麻呂が紫微内相として内外の諸兵事を掌握し、7月橘奈良麻呂の乱が起き、仲麻呂の兄右大臣豊成も大宰員外師に左遷されます。そして9月には天平宝字9年を改め天平宝字元年とされ、藤原仲麻呂の独裁政権下に入ります。

　◈道鏡、法王となる

　天平宝字7年（763）、慈訓（691-777。興福寺の僧、俗姓船氏）に代わって道鏡が少僧都に抜擢されます。『続紀』9月4日月条によれば、使者が山階寺（興福寺）に遣わされ「少僧都の慈訓法師は僧綱としてふさわしくない。衆僧の意見により道鏡法師を少僧都にする」という天皇（孝謙）の詔が発せられます。少僧都は僧侶全体を取り締まり、仏教行政を管轄する役職であり、長官である僧正、次官の大僧都に次ぐ重職です。

　上皇孝謙と淳仁天皇の関係が悪化したのは、道鏡の治療によって孝謙の健康が回復したか、あるいは上皇孝謙が道鏡から受けた宗教的かつ精神的な影響も考えられます。事実、『続紀』天平宝字6年5月23日条に「高野（孝謙）と帝（淳仁）との仲が悪くなった。このため高野天皇は保良宮から平城京の法華寺に入り、淳仁帝は中宮院に入った」と書かれています。そして6月3日孝謙上皇は国政に復帰します。

　孝謙天皇が国政に復帰して2年後の天平宝字8年（764）9月、藤原仲麻呂こと恵美押勝は琵琶湖のほとりで一族もろとも斬殺されます。その間、道鏡と孝謙天皇の関係がどれほど進展したのか『続紀』から具体的に知る

ことができませんが、孝謙上皇は戦勝記念に7尺の金剛像四天王像と西大寺（奈良県奈良市西大寺芝町）造立を発願します。10月淳仁天皇を廃し淡路島へ配流、道鏡を法王とします。

　仲麻呂の乱の翌月淳仁天皇は廃帝とされ、「仲麻呂と関係が深かったこと」を理由に親王の待遇で淡路国に流されます。しかし天平神護元年（765）の10月逃亡をはかって逮捕され、その翌日亡くなりますが、実際は殺害されたのが真相だと言われています。

　淳仁天皇の墓（陵）は現在の兵庫県南あわじ市の天王森丘にありますが、これは宝亀3年（772）光仁天皇が僧侶60人を派遣してその魂を鎮めたからです。また淡路島北淡町に近い標高515ｍの常隆山（通称「じょうれっさん」）には、桓武天皇が殺害した皇太子早良親王の霊を鎮めるための勅願寺常願寺（高野山真言宗）があり、境内には「桓武天皇勅願所」の碑が立っています。境内の説明版によると「常隆寺」という寺の名は淡路に流された淳仁天皇が父舎人親王のために創建し、住僧常隆法師の名をとってつけられたと伝えられています。

3　八幡神託事件の真相

※天皇の詔と『続紀』編纂者の解説

　「道鏡を皇位につかしめば天下太平にならん」という八幡神託が大宰主神中臣習宜阿曾麻呂によって朝廷に報告されたのは道鏡が法王になって3年目の神護慶雲3年（769）の5月以降と言われています。

　この事件の主役道鏡と孝謙（称徳）天皇については多くの人々によって語りつがれていますが、その真相はつまびらかになっていません。出自不明の一修行僧が女性天皇と結ばれ、ついに天皇の後継者になろうとした大事件ですが多くのことがわかっていません。

　しかし幸いにも正史と言われる『続日本紀』の称徳天（孝謙重祚）自身による和気清麻呂と清麻呂の姉法均に対する処罰の詔から事件の一端を

知ることができます。この八幡神託事件に関する『続紀』神護慶雲3年（769）9月25日の記事は称徳天皇の詔と『続紀』編纂者の解説を合わせて約2000字の分量ですが、その半分に縮小してお伝えします。Ⅰが称徳天皇の詔、Ⅱが『続紀』編纂者の解説です。

Ⅰ　従五位外・因幡外介の輔治能真人清麻呂は、その姉法均とよこしまで偽りの話を作り、法均は私にその偽りを報告した。その様子を見るに、顔色・表情といい、明らかに自分が作ったことを大神（八幡神）のお言葉と偽って言っていたと知った。

　　また、このことを知っていて、清麻呂らとともに謀った人がいることは知っているが、この度は免罪とする。また清麻呂らは忠実に仕える臣下と思えばこそ姓を受け、相応に取り計らっている。今は穢い臣下として授けるのであるから、前に与えた姓は取り上げて、代わりに別部とし、その名も穢麻呂と変える。法均の名も広虫売に返すことにする。また明基（姉法均と同心の尼）は広虫売とは身体は別であるけれども、心は一つであると知ったので、その名も取り上げて環俗させ、退ける。

Ⅱ　初め大宰府の主神（正七位下相当）の諸々の祭祀を司る習宣阿曾麻呂は、道鏡に気に入られようと媚び仕えた。そこで宇佐八幡の神のお告げであると偽って「道鏡を皇位につければ天下は大平になるだろう」と言った。道鏡は是を聞いて深く喜ぶとともに自信をもった。

　　天皇は清麻呂を招き「昨夜の夢に、八幡神の使いが来て『大神は天皇に奏上することがあるので、尼の法均を遣わされることを願っています』と告げた。そなた清麻呂は法均に代わって八幡大神のところに行き、その信託を聞いてくるように」と勅した。

　　清麻呂が出発するに臨んで、道鏡は「大神が使者の派遣を請うのは、おそらく私に即位のことを告げるためであろう。吉報をもた

らせば官位位階を重く上げてやる」と持ちかけた。清麻呂は出か
けて行って神宮に着いた。大神は「わが国家は開闢（かいびゃく）以来より君臣
の秩序は決まっている。臣下を君主とすることは未だかつてなかっ
たことだ。天津日嗣（あまつひつぎ）（皇位）に必ず皇統の人を立てよ。無道の人は
払い除けよ」と託宣した。

　清麻呂は帰京して、お告げのままに天皇に報告した。道鏡は大い
に怒り、清麻呂の官職を解いて因幡員外に左遷した。清麻呂がま
だ任地に就かないうち続いて詔があり、官位を剥奪し籍を削って、
大隅国（鹿児島の一部）に配流した（『日本後紀』には道鏡が人を遣
わして清麻呂を殺そうとしたとある）。姉法均は環俗させられ、備後
国（広島の一部）に配流された。

◈中臣習宜阿曾麻呂と大神田麻呂

　『道鏡』の著者横田健一は中臣習宜阿曾麻呂が道鏡の弟弓削浄人（ゆげのきよひと）の配下
に入ったのは神託事件の起きる５月以前とみています。中臣習宜阿曾麻呂
という名の人物ですが、八幡神託事件が起きる３年前の『続紀』天平神護
２年（766）６月１日条に「正六位上の中臣習宜阿曾麻呂に従五位下を授け
られた」とその名が見えます。

　その２年前の天平宝字８年（764）９月18日藤原仲麻呂の討伐将軍藤原
蔵下麻呂（くじらまろじらまろ）（宇合の九男）が凱旋した即日（20日）、道鏡は大臣禅師に任命
されます。藤原仲麻呂の死によって天皇孝謙（以下称徳天皇。天平神護元
年＝765年より）をバックとする道鏡と道鏡一族の力が突出します。

　『続紀』天平神護２年の中臣習宜麻呂に対する正五位下の昇格人事は、
６ヵ月前の正月に行われた藤原永手が右大臣、藤原真楯は大納言、参議吉
備真備が中納言、石上託嗣（いそのかみやかつぐ）は参議という藤原氏ら高官人事が影響してい
ます。

　この年は中臣習宜阿曾麻呂の叙位があり、10月の大神田麻呂の外従五
位外と豊後員外掾（じょう）の叙位が続きます。実は大神田麻呂とは八幡大神（宇佐
八幡宮）の主神（かんづかさ）大神田麻呂その人です。17年前の天平勝宝元年（749）11

月1日八幡大神入京の際の貢献によって大神田麻呂は従五位下、禰宜杜女（毛理売）は従四位下を授けられます。

　しかしその5年後の天平勝宝6年（654）11月大神田麻呂らは薬師寺の僧行信（生没年不詳。法隆寺東院の復興に尽力）と共同して人を呪い殺そうとした罪により、行信は下野の薬師寺に配流され、従四位下の大神朝臣杜女は日向国、外従五位下の大神田麻呂は種子島に流されます。

　この事件について八幡神は次のように託宣したと翌年の『続紀』天平勝宝7年（755）3月28日条に書かれています。「神である吾は、偽りを言って神の託宣にかこつけることは願わない。先に請けとった封戸1400戸・移田140町は用いる所がなく役に立たない。山野に捨ておくようなものである。それゆえ、これを朝廷にお返しして、ただ尋常の神田を留めることにしたい」

　ここで読者の皆様にお断りしておきますが、当時の宇佐八幡宮には八幡大神と八幡比咩大神の2柱が鎮座していたことです。天平勝宝元年（749）八幡大神に一品と八幡比咩大神二品の位が与えられる独立した存在です。

◈絶頂に達する法王道鏡の権力

　天平神護2年（766）10月20日さらに藤原永手が右大臣から左大臣、吉備真備が右大臣に昇格しますが、同時に太政大臣禅師の道鏡は法王の位に上りつめます。これら一連の人事は称徳天皇（高野天皇）の意向と道鏡の意思が反映する道鏡独裁の時代に突入したことを示しています。

　翌年の天平神護慶雲元年（767）3月道鏡のための法王宮職（道鏡のための身辺機関）が設置されます。6月5日天皇の勅により東山道巡察使・正五位上の淡海三船は弓削薩摩1人を官職に就かせなかったとして解任されます。

　この年の8月21日近衛少将・従五位の弓削牛養を三関国の1つ越前介、同月29日従五位下の弓削浄広方を中衛将監兼武蔵員外に任じます。そして9月4日従五位の中臣習宣阿曾麻呂を豊前介に任じます。豊前は宇佐八幡宮の所在地です。ちなみに10月15日陸奥伊治城（注：陸奥国栗原郡の

城柵。太平洋岸の桃生城に対して陸奥国内陸部に築造される）が完成します。

　❖道鏡一族と八幡神職団の癒着

　横田健一は八幡神託事件の本質を時の権力者道鏡と道鏡一族の大宰帥弓削浄人に阿る無節操な八幡神職団に見ています。この点、横田健一は喜田貞吉の藤原氏が道鏡を排除するために中臣習宣阿曾麻呂と和気清麻呂を使って神託を下させたという説には否定的です。

　それでは八幡神託事件で道鏡排除のもっとも大きな役割を果たした和気清麻呂と姉法均（広虫）姉弟について、横田健一はどのような位置づけをしているのでしょうか。氏によれば和気一族の代々からの好学かつ仏教信仰の厚いことからも、和気清麻呂の八幡神託奏請の役目は最適です。つまり和気清麻呂は嘘をつくような人物ではありません。

　一方「道鏡が皇位に就くならば……」という八幡神託を伝えた中臣習宣阿曾麻呂についてはどうでしょうか。横田健一は中臣阿曾麻呂の系譜は不明としながら、習宣氏が中臣氏（藤原氏）とは祖先と異にする物部氏の系統としています。

　というのは習宣阿曾麻呂の前任職が豊前介であり、神祇祭祀を司る中臣氏の下に属していた阿曾麻呂が宇佐八幡の神職団と密接な関係になるのは当然のなりゆきだからです。さらにそこに薬師寺の行信を呪い、処罰されていた元主神司大神田田麻呂が復帰します。

　しかも阿曾麻呂は豊前介からわずか1、2年のうちに大宰府政庁の主神司という地位につきます。当時、阿曾麻呂が自分を引き立てくれた大宰帥弓削浄人と詐欺の前科を持つ大神田麻呂とは抜き差しのならぬ関係にあったと、横田健一はみています。

　通説では習宣阿曾麻呂の神託上奏は阿曾麻呂本人による作為とされていますが、喜田貞吉を筆頭に藤原氏の策謀とする説が有力です。その理由は阿曾麻呂が道鏡失脚後、種子島守、その3年後に大隅守に任じられているからです。しかし阿曾麻呂が種子島守に任じられたことが恩賞であるならば、和気清麻呂はもっと恩賞があってしかるべきだと横田健一は指摘します。

第4章　法王道鏡と八幡神託

❖喜田貞吉の「藤原氏陰謀説」

　喜田貞吉らの和気清麻呂が藤原氏と共謀したという説の根拠は清麻呂の
配流中に藤原百川（藤原宇合の八男）が備後国の封20戸を配所の清麻呂
に送ったことです。しかし横田健一は藤原百川策謀説を否定します。なぜ
なら百川策謀説をとる場合、八幡神職団による道鏡側への内通の可能性が
大きいからです。したがって横田健一は阿曾麻呂の種子島守も大隅守も何
ら恩賞の類ではないとしています。

　横田健一の結論は、道鏡の前で命をかけて道鏡排除の神託を報告したの
は和気清麻呂です。和気清麻呂が罰せられても藤原氏は何ら立ち上がるこ
ともしませんでした。藤原永手・百川ら藤原氏は清麻呂の本位回復や任官
に援助することなく、清麻呂のその後の栄進は桓武天皇の引き立てによる
ものです。

　道鏡とその一族の台頭は、ひとえに称徳天皇の異常ともいえる好みに
よってこそなされたものであり、藤原氏はその先行きを見通していたふし
もあるというのが横田健一の見解です。

4　藤原氏陰謀説

❖宇佐氏の始祖神比売大神

　横田健一のほぼ妥当と思われる八幡神託事件の真相に続いて、清輔道
生の『八幡大神の神託』（1955年、彩流社刊）を取り上げることにします。
清輔道生は宇佐宮の擬大宮司清輔氏を祖父祖にもつ在野の研究者ですが、
八幡信仰史研究の大家中野幡能（1916-2002）および歴史学者の富木隆（元
大分大学教授）らと交流を持ちながら、その解釈と見解は斬新かつ示唆に
富んでいます。

　清輔道生は、偽託を奏上した道鏡の腹心中臣習宣阿曾麻呂がなぜ流罪で
はなくそれより軽い左遷であったのか、その解明こそ道鏡事件の核心があ

るとしています。この点で清輔道生の考察は喜田貞吉の「藤原氏陰謀説」にくらべてより具体的であり、藤原氏介入否定説（横田説）と対立しているので少々詳しく紹介します。

神護慶雲元年（767）9月4日従五位の中臣習宣阿曾麻呂が豊前介（次官の国司）に任じられたことは先述しましたが、清輔道生によれば道鏡による阿曾麻呂の派遣は、ちょうど宇佐公による八幡比売神神宮寺建立中の機会をとらえたというものです。

神託とは神語（神の言葉・意思）をシャーマン（巫女・巫覡・禰宜）がエクスタシーの状況のなかで人語に変え口走ったのを他の神官が料紙に書き、その料紙が神宮司に提出された上で神宮司から大宰府官庁を経て朝廷に報告される仕組みです。

道鏡の密命を受けた阿曾麻呂は、宇佐八幡比売大神に封戸600戸の奉献（『続紀』天平神護6年4月11日）を条件に神宮司宇佐公池守に偽託の作成をもちかけます。ちなみに『弓削道鏡』の作家黒岩重吾は、藤原氏策謀説でもなく、中臣習宣阿曾麻呂と道鏡の弟で大宰帥弓削浄人が勝手に神託事件に深く関与し、むしろ道鏡と孝謙天皇を思想上の師弟関係が男女の愛情関係に転化したものと描いています。

さて阿曾麻呂から偽託をもちかけられた神宮司宇佐公池守は阿曾麻呂の要請を断ります。そもそも八幡宮の封戸は大仏建立の功により聖武天皇の意思にもとづき孝謙天皇が八幡大神に一品・封戸800戸・位田80町、そして比売神に二品・封戸600戸・位田60町を賜ったのです。

しかしその後、八幡宮禰宜尼大神杜女と主神大神田麻呂が朝廷（藤原仲麻呂政権）に呪いをかけた罪で流罪とされ、八幡大神は託宣をふくめて封戸・位田を返還させ、自らは伊予の宇和峰に遷座してしまったのです。朝廷はそのうちの800戸を造弥勒寺（神宮寺）寄進して、残り600戸はそのまま朝廷の預かりにしていました。

神宮司宇佐公池守としては八幡大神の神託のため、もともと事件とかかわりのなかった比売大神の封戸・位田まで朝廷にやむを得ず返還しました。したがって600戸は預けたものという考えが強かったのです。しかし天皇

は八幡大神が伊予に移った後も、残された比売大神だけの宇佐八幡にあいもかわらず奉幣を続けたことに対して池守は皇室守護の念を強くもっていました。

清輔道生によれば比売大神の前身は国造家の宇佐氏の始祖神であり、宇佐氏が祀ってきた産土神（土地神）です。それが6世紀後半、中央の大和から宇佐に入部した百済系渡来氏族の大神氏が先着の渡来氏族辛島氏と提携して宇佐氏の祭祀権を簒奪しました。

しかし魘魅事件で大神氏が失脚したので宇佐氏は大神氏に奪われた家職の禰宜職を取り戻し、辛島氏とともに神宮に復活します。ちょうどその時期に宇佐氏を出自とする池守は阿曾麻呂の密命相談を受けたのです。

◈藤原百川の策謀

道鏡に派遣された阿曾麻呂のことに話を戻します。神宮司宇佐公池守に拒絶された阿曾麻呂は女禰宜の辛島世曾女に相談をもちかけます。与曾女は阿曾麻呂の甘言に危険を感じて辞退します。しかし阿曾麻呂の秘命を知った与曾女は魘魅事件の首謀者として種子島に流され、13年目に赦免されて故郷豊後国遠見郡大神郷に逼塞していた大神田麻呂を阿曾麻呂に紹介します。

阿曾麻呂の話を聞いた大神田麻呂は従妹の杜女に相談し、「いっそのこと道鏡が帝位につけばもっと国家は大平になるようだろう、といった内容にしたら道鏡は感激するのはもちろん恩賞も過分なものになるだろう」と謀議は一致します。阿曾麻呂は偽託の文言作成を田麻呂と杜女にまかせ、さっそく道鏡に中間報告をします。

したがって道鏡は神護慶雲2年（768）10月以前に偽託の内容を知ったことになります。なぜなら同年11月道鏡は弟の浄人に大宰帥を兼任させ、大宰府内の人事を道鏡派で固めているからです。

ところが道鏡や浄人の動向を察知した藤原百川（藤原式家の祖藤原宇合の八男）は、兄の藤原田麻呂を浄人と同日付の官符で大宰大弐に任官させ大宰府に赴任させます。当時、藤原田麻呂は従四位の参議・外衛大将・丹

波守ですが、非参議になっての着任です。ちなみに大宰帥は最高の大臣職ですが遙任扱いなので現地に赴く必要がなく、実質は大弐が最高位になります。

　阿曾麻呂が大神田麻呂と杜女から偽託の料紙を受け取ったのは、その年の暮近くでした。阿曾麻呂から道鏡のところへ報告が届くと、道鏡は公式ルートの大宰府を通じて奏上させる必要から、阿曾麻呂を翌年の神護慶雲3年2月頃までに阿曾麻呂を大宰主神に転任させたに違いありません。

　❊道鏡政権の大盤振るまい

　この頃、道鏡政権は盛んに一族その他に叙位を行っています。そして『続紀』神護慶雲3年（769）3月27日条に「毎年大宰府の真綿20屯を運ばせ、京の倉庫に収めさせることにした」とあります。諸々の工作のための費用を捻出しようとしたのでしょう。不思議なことにその翌日の同月28日に称徳天皇の「朕思うところがあるため、恩赦を天下に大赦を行う」という 詔 が発表されます。

　通説では道鏡に偽託が奏上されたのは同年（神護慶雲3）5月頃とされています。なぜ奏上に手間取ったのでしょうか。清輔道生はこの解明が事件のカギとなるとしています。大宰府に赴任した阿曾麻呂は大弐に前参議の藤原朝臣田麻呂が着任していることを知って動転します。公式の奏上には大弐の承認を要するからです。道鏡の弟大宰帥弓削浄人は遙任ですから現地にいません。阿曾麻呂は進退窮まります。意を決した阿曾麻呂は大弐藤原田麻呂にすべてを告白します。

　大弐藤原田麻呂は藤原氏の総参謀である弟の百川に急使を飛ばし、今後の作戦司令を待ちます。結果、大弐藤原田麻呂は「道鏡が偽託の内容を知って待機している以上、予定通り奏上を行え。ただし、口状だけとし、擬託の料紙は預かる」と阿曾麻呂に指示します。

　そこで阿曾麻呂は同年（神護慶雲3）5月頃上京し、件の偽託を道鏡に奏上します。そのことを知らされた百川は天皇称徳に「勅使を八幡宮に参向させ、八幡神教を確認した上で、譲位を決めたらどうか」と進言します。

当時の従四位外の藤原百川（732-779）は左中弁・内豎太夫・内匠頭・右兵衛督・越前守・右大弁・武蔵守・検校兵庫副将軍・中務大輔などの要職を兼務していました。

※勅使和気清麻呂の宇佐使い

　女帝称徳も皇位継承にかかわることの重大性から藤原百川の進言を無視するわけにはいきません。その夜、天皇称徳は八幡大神が天皇に奏上することがあるので尼の法均を遣わせよという内容の夢をみます。和気清麻呂の姉法均は大夫尼従四位下の女帝第1の側近中の側近です。姉法均は遠路が耐え難いという理由で弟清麻呂をその代役として依頼します。

　一方大神田麻呂と杜女は道鏡からの神宮復帰の沙汰を今か今かと待っています。ところがそこに大宰府大弐藤原田麻呂からの召喚状がきます。大弐藤原田麻呂から擬託の料紙を目の前に突き付けられた両人は藤原田麻呂の命じるままです。百川の策略とは大神田麻呂と杜女に最初の擬託とはまったく逆の擬託を作らせ、それを八幡神宮禰宜辛島与曾女から勅使清麻呂に託宣せることです。

　そして大弐藤原田麻呂は百川の約束の言葉として、事が成就した上は大神田麻呂と杜女を八幡神宮に復帰させるばかりか大宮司に任用することを伝えます。豊後に戻った大神田麻呂は杜女を通じて禰宜与曾女を巻き込みます。そのような謀略があると知るわけもない勅使清麻呂は八幡神が鎮座する大尾山の神前に額づき、女帝の幣帛を捧げてから勅使の趣を伝えます。神殿の中には女禰宜与曾女が控えています。

※八幡神と和気清麻呂の対話

　八幡大神（＝与曾女）と清麻呂のやり取りの場面は『続紀』『日本後記』『和気清麻呂伝』『類聚国史』『和気清麻呂参宇佐絵詞』『託宣集』などに記録されています。これらの史料をもとに清輔道生は次のようなシナリオを作ります。

「女帝が法王道鏡に譲位したいと思っていますが、神意はいかがでしょうか」と清麻呂。「吾、その祈りを聞かず。吾国家は開闢以来、君定まれり。天つ日嗣は必ず皇緒を立てよ。无道人、よろしく早く掃き除くべし」と大神。

「今、大神の教えるところは、これ国家の重大事です。託宣を信じることはできません。もう一度神威をお示しください」と清麻呂。

すると真昼なのにあたりが真っ暗になり、雷鳴がとどろくなか、神が忽然とその長さ三丈ばかり、色満月の如し、「道鏡、悖逆无道、すなわち神器を望む、これをもって神霊震怒、その祈りを聴かず。汝帰りて吾が言す如く奏せ。天つ日嗣は必ず皇緒を続よ。汝道鏡の怨を懼れるなかれ。吾は必ず相済わん」と大神。

❉禰宜辛島勝与曾女・大宮司大神田麻呂・少宮司宇佐公池守

それでは藤原百川が大神田田麻呂に約束した八幡大神宮司の件はどうなったのでしょうか。和気清麻呂・広虫は女帝崩御（宝亀元年、770年8月4日）の翌9月配流（1年）から京師に召喚されます。2年後の宝亀3年4月道鏡が配所の下野国薬師寺で死去すると、その2ヵ月後に中臣習宣阿曾麻呂は種子島から大隅国守（正六位相当官）に任じられます。

先述しましたように横田健一はこの阿曾麻呂の大隅国守任官は栄転とみていませんが、清輔道生は栄転とみています。魘魅事件の記憶が残る朝廷で大神田麻呂起用の件は百川としてはやりにくかったのでしょう。藤原百川苦心の謀略が白日の下にさらされることになりかねないからです。

そこで藤原百川は弟の大宰帥蔵下麻呂と謀って大宰府符（命令を下す公文書）で八幡神宮大宮司任用を決行することにします。そしてその役を勅使として参宮の経験を持つ和気清麻呂を特命豊前国司として起用し、大宮司の任免権を隠密裏に遂行することにします。

清麻呂の実直かつ真面目な性格からこの謀略は諸々の行き違いがあり、危うく頓挫しそうになりますが、結果、辛島禰宜与曾女の機転により次のように大神の託宣を受けることができたのです。

宇佐八幡宮の次の神職を見ると、神託事件の結果はどうあれ宇佐・辛島・大神の各氏のバランスが程よくとれているように思えます。

禰　宜　　　辛島勝与曾女
忌　子　　　大神朝臣吉備売、同女慈売
大宮司　　　大神田麻呂
少宮司　　　宇佐公池守

第5章　百済系渡来王朝とエミシ

1　対エミシ38年侵略戦争

※エミシ宇屈波宇の謎の反乱

　道鏡の生地弓削の河内由義宮（現・大阪府八尾市）の行幸から体調を崩した天皇称徳は、2ヵ月後の宝亀元年（770）年8月4日に亡くなりました。その日のうちに左大臣藤原永手、右大臣吉備真備、参議藤原宿奈麻呂、参議石上宅嗣、参議藤原縄麻呂、近衛大将藤原蔵下麻呂の6人は白壁王を皇太子に立て、左大臣永手は天皇の遺言として次のように宣します。

　　まことに事は突然であったので、諸臣が合議して白壁王は諸王のなかで年齢も高く、また天智天皇の功績もあるので太子とすることにした。

　皇太子になって2ヵ月後に62歳で即位した白壁王こと光仁天皇は、天智天皇を父にもつ志貴皇子の七男です。母は名門紀氏の紀橡利姫です。しかし天智系皇子白壁皇子が即位するまで何らかのトラブルに巻き込まれて、天武系皇子の三原王（舎人親王の子）三船王・池田王・大炊王、新田部親王の子塩焼王・道祖王ら6人が流刑や処刑にされます。

　天皇称徳が亡くなって6日目の『続紀』宝亀元年8月10日条によると、エミシの宇漢迷公宇屈波宇らが、突然、徒党を率いて賊地に帰ってしまいます。使者が呼び戻そうとしましたが、宇屈波宇は逆に1、2の同賊を率いて必ず城柵を侵略すると返答します。

　そこで近衛中将兼相模守の道嶋嶋足に検問させますが、その検問の結果

はどうなったのか、『続紀』からは皆目わかりません。道嶋嶋足は陸奥国牡鹿郡の人で射騎に優れ、藤原仲麻呂の子恵美訓儒麻呂を坂上苅田麻呂とともに射殺してその功績で昇進した武人です。

この宝亀元年のエミシ宇漢迷公宇屈波宇の行動について、作家の高橋克彦は小説『火怨』で、エミシ鎮圧役目の宇漢迷公宇屈波宇が任を放棄して陸奥に帰還したとしています。そして宇屈波宇が逆襲すると言った城柵は桃生城です。また熊谷達也の『荒蝦夷』では宇屈波宇が登米郡遠山村のエミシであり、任務を放棄した城柵は多賀城となっています。

◇渤海国使烏須弗の書面

ところで称徳天皇が死去した年の宝亀元年9月坂上苅田麻呂が陸奥鎮守府将軍に任じられます。同2年（771）6月27日渤海国使節で青授大夫の壱万福ら325人が船17隻に乗って出羽国に着きますが、常陸国に移されます。この年の11月陸奥国桃生郡の牡鹿連猪手は「道嶋宿禰」に氏姓が与えられます。

宝亀3年（772）正月1日渤海国の蕃客、陸奥・出羽のエミシが拝賀します。宝亀4年（773）正月14日陸奥・出羽国のエミシと俘囚が郷里に帰るので、地位に応じて位と物を授けます。出羽国の吉弥侯部大町に外従五位下を授けます。

同年6月12日能登領内に来着した渤海国使烏須弗の書面について能登国司から問い合わせがありました。烏須弗がもってきた書面の内容は「大使壱万福を日本に遣わして4年になりますが、まだ帰って来ませんので、大使烏須弗ら40人を遣わして直接天皇のお言葉を賜りたい」というものです。

太政官の回答は「前使壱福らの進上した上表文は驕慢であったので、その事情を告知して退去させた。能登国司も、『渤海国の烏須弗らの進上した上表文とその函も、通例と違って無礼である』と言っている。そこで烏須弗らを朝廷に召さずに本国に帰らせることにする。また、渤海国の使節がこの航路をとって来朝することは従来から禁止している。旧例に従って

筑紫経由で来朝するようにせよ」というものです。

同年7月21日大伴駿河麻呂が陸奥国鎮守将軍に任じられます。

※エミシの参内禁止

宝亀5年（774）正月16日五位以上の官人が招かれて楊梅宮で宴が催され、その日、出羽エミシと俘囚を朝堂で饗応し、位を叙し、地位に応じて禄を授けます。楊梅宮は平城宮の東張り出し部に位置する天皇称徳の儀式や宴会用につくられた庭園です。

ところで出羽エミシと俘囚を朝堂で饗応した正月16日から4日経った『続紀』正月20日の「詔して、蝦夷と俘囚が朝廷に参内することを止めさせた」という突然の記事は多くの謎を残しています。この「エミシ参内禁止」の日は、対エミシ38年戦争の始まりの日とされています。

宝亀5年の正月16日から20日の間にいったい何が起きたのでしょうか。宝亀2年（771）6月27日の「賊地」野代湊に到着した壱万福ら渤海人らに関係しているのでしょうか。それとも称徳天皇が亡くなった年（宝亀元年8月）の宇漢迷公宇屈波宇の突然の逃亡と関係があるのでしょうか。

問題は渤海人が征討中のエミシ地（能代湊）に到着していることです。渤海国と日本の関係は友好的であったはずです。これは藤原仲麻呂以来の対新羅強硬路線の影響かもしれません。藤原仲麻呂は天平宝字6年（762）には新羅征討のための幣帛を奉納しています。

渤海国は高句麗の遺民が建国した国です。エミシ征討中の朝廷は国内事情を知られることを警戒し渤海国（人）とエミシの接触を嫌ったのかもしれません。あるい渤海国から隣国の新羅に国内事情がもれることを警戒したためかもしれません。

対エミシ38年侵略戦争の終結宣言は、嵯峨天皇の弘仁2年（811）文屋綿麻呂から嵯峨天皇に奏言されています。『日本後記』弘仁2年12月11日条によると、「宝亀5年より当年に至る惣べて38歳、辺寇屢々動き警口絶ゆるなし」とあります。

しかし宝亀5年の正月20日の「蝦夷と俘囚の参内停止」のきっかけと

なるような記事は渤海人との関係以外どこにも見当たりません。その4日前の16日には、出羽エミシと俘囚は地位と禄を授与されています。むしろ正月20日の「蝦夷と俘囚の参内停止」の記事は逆に「エミシが入朝を取り止めた」と考えたほうが自然ではないでしょうか。すると先の『続紀』宝亀元年8月10日条の宇屈波宇が徒党を率いて賊地に帰ってしまったという記事に結びつきます。

◈対エミシ宣戦布告
　宝亀5年（774）7月23日河内国守紀広純が鎮守副将軍を兼任します。光仁天皇は陸奥按察使兼陸奥鎮守将軍の大伴駿河麻呂に対して次のように勅します。

　　先日、将軍らは蝦夷征討について、ある者は討つべからず、ある者は討つべしと言った。朕は征討が民を疲労させるゆえに、しばらくすべてを包む広い徳を重んじて、討つことをしばらく自重していた。しかし今将軍らの意見を受けてみると、愚かなあの（日本海側の）蝦夷は野蛮な心を改めようとせず、王命を拒んでいる。事態はもはややむを得ない。すみやかに軍を発して時機に応じて討ちほろばせ。

　むしろこの宝亀5年7月23日が「対エミシ38年戦争の宣戦布告」と言ってよいでしょう。しかし光仁天皇の「あの愚かな蝦夷が王命を拒んでいる」という言葉は何を意味しているのでしょうか。エミシに渤海人との接触を禁じたにもかかわらず、エミシがその命令に従わなかったのでしょうか。あるいは藤原仲麻呂の死によって、藤原朝獦が行っていた従来のエミシ懐柔策に大きな変化が起きたのでしょうか。
　それにしても陸奥国と出羽国のどちらが宣戦布告の原因になったのでしょうか。というのは光仁天皇が命じた2日後の7月25日陸奥国が「太平洋側の蝦夷が突然衆を発して、橋を焼き、道を遮断し、桃生城に侵攻し、その西郭を破りました」と報告してきているからです。陸奥国司の報告を

第5章　百済系渡来王朝とエミシ

受けた天皇は坂東8国に「もし、陸奥国が急を告げてきたら、国の大小に応じて、援兵2000以下500以上を発し、陸奥国に行軍しながらそのことを奏上せよ」という指令を出します。

坂東8国とは現在の関東地方全域に相当しますが、当時はほぼ次の通りです。括弧内は現在の県名と大・上・中・下による国のランクです。相模（神奈川県、上）、武蔵（東京都・埼玉県・神奈川県の一部、大）、安房（千葉県、中）、上総（千葉県、大）、下総（千葉県・茨城県、大）、常陸（茨城県、大）、伊豆（静岡県、下）、上野（群馬県、大）、下野（栃木県、上）です。安房国は下総に併合されたとみてよく、これで坂東8国になります。8月2日の天皇の勅で約1万5000人前後が動員されたとみてよいでしょう。宝亀5年（774）8月24日派遣された将軍たちから次のような報告が入ります。

　　賊の行動はまるで犬や鼠が人に隠れてこそこそと物を盗む時のようです。時々進入して物を掠めとることはありますが、大害にはなりません。今は草が茂っており、蝦夷にも有利です。このような時に攻撃すれば、おそらく後悔してもしきれないことになると思います。

対して天皇は、「前に言ったことと、今言っていることが異なる」と将軍らをとがめています。そしてこの年（宝亀5）の『続紀』10月4日と10日条に次のようなことが書かれています。

　　陸奥国遠山村は土地が険しく蝦夷が頼みとするところであった。歴代の将軍はまだかつて侵攻したことがなかったが、按察使の大伴駿河麻呂は直ちにこの地に進入して彼らの巣窟を覆した（10月4日）。
　　陸奥国司の「大宰府と陸奥国は同じように危機にさらされています。早馬の奏上に時刻を記さなければなりません。大宰府には漏刻（水時計）がありますが、陸奥国にはありません」という報告に対して水時計を送った（11月10日）。

111

宝亀6年3月23日「陸奥国の蝦夷が夏から秋にかけて騒動を起こし、人民は皆砦に立て籠ったので田畑が荒廃した」という連絡が入ります。10月13日出羽国から「蝦夷と戦いの残り火はまだ尽きていません。それで3年の間、鎮兵996人を請求します。また要害の地を押えつつ国府を移したいと思います」という連絡があり、天皇は相模・武蔵・上野・下野の4国の兵を派遣します。そしてこの年の11月15日天皇は次のように勅します。

　　降伏した蝦夷らはすぐに反逆の心を起こして、桃生城を侵攻した。鎮守将軍大伴駿河麻呂らはわが身の命も顧みず、反乱の賊を討ち鎮め、懐柔・服従させた。そこで駿河麻呂以下1790人余に勤労にしたがって位階を授ける。

　ところで宝亀6年（776）10月13日条によれば出羽国は「蝦夷と戦いの残り火はまだ燃え尽きていません。それで3年の間、騎兵996人を請求し、また要害の地を押えつつ、国府を遷したいと思います」と報告したので、天皇は相模・武蔵・上野・下野4国の兵士を差し向けています。

　ちなみに『アテルイと東北古代史』（熊谷公男編）によれば「仲麻呂政権から称徳・道鏡政権にかけての時期に、桃生城（陸奥国海岸部＝海道）－伊地治城（陸奥国内陸部＝山道）－雄勝城（出羽国

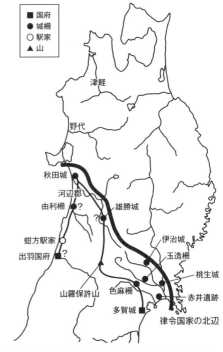

（熊谷公男編著『アテルイと東北古代史』六一書房より）

内陸部＝山北）という前線ラインが新たに構築される。それに旧出羽柵を
全面改築した秋田城（出羽国海岸部、天平宝字3、4年頃出羽柵を改称）を
結んだラインがこの時期の国家の北辺となる」と書かれています。この本
は伊藤博幸、八木光則、樋口知志、鈴木卓也、西野修、村田淳、高橋千昌
の各氏と熊谷公男氏による座談会形式による自由な意見と、特にアテルイ
に焦点を当てた忌憚のない意見はとても参考になりますので付しておきま
す。

◈出羽国府移転の意味

　宝亀7年（776）2月6日陸奥国から「来る4月上旬を期して兵士2万
人を発動させて、山海2道（陸奥と出羽）の城を討つべきです」と要請が
あり、出羽国の兵士4000人を動員させ雄勝の道から陸奥の西辺の賊を討
たせます。

　『続紀』の言う「雄勝から陸奥の西辺に至る道」は、雄物川支流の成瀬
川・皆瀬川・役内川に沿って遡る3本の道を指しています。成瀬川の上流
から胆沢へ、皆瀬川からは栗駒山の北麓から平泉の西に、役内川から栗駒
山麓南の鳴子から宮城県北西部に到達する道です。

　おそらく出羽国の4000人余名の兵士は鳴子から宮城県北西部に入った
と考えられます。なぜなら平泉以北から紫波あたりまではエミシの巣窟で
あり、その圏外に位置する宮城県北西部に安全地帯だからです。5月2日
出羽国紫波村（盛岡市・雫石町）に反乱が起きますが、下総・下野・常陸
などの騎兵がこの反乱を鎮圧します。

　同年7月7日陸奥按察使・兼鎮守将軍の大伴駿河麻呂が亡くなりました。
駿河麻呂指揮する下総・下野・常陸の騎兵軍が陸奥国のどのあたりに駐屯
していたのか、また駿河麻呂が紫波村の乱で戦死したのかどうかは『続
紀』から知ることができません。

◈住民交換の植民地方式

　同年9月13日、陸奥国の俘囚359人が大宰府管轄内の諸国に分配され

ます。大宰府管轄は九州全域、筑前・筑後・豊前・豊後・肥前・肥後・日向・薩摩・大隈の9国ですが、捕虜になったエミシは防人として配置されたのでしょう。

同年11月16日、陸奥国の軍3000人を発動して、胆沢の賊を討たせます。同月29日出羽国の俘囚358人が大宰府管轄内や讃岐国に分配されます。78人を諸官吏や参議以上の貴族に分け与え賤民としたと『続紀』は記録しています。

しかしこの移配された俘囚は今回の征討で捕虜になったエミシなのか、すでに服属していたエミシが、新たに捕虜になったエミシが増加したので他国に移配されたのか、『続紀』から知ることはできません。

同年12月14日の記事に「陸奥国の諸郡の人々から奥地の守りに当たる者を募集して、すぐにその地に定着させ、彼等らの租税を3年間免除した」と書かれていますが、この記事と先の俘囚移配記事と関連あるとすれば、エミシから奪った土地に坂東八国の開拓民を送り込む住民交換の植民地方式をとったと考えられます。

宝亀8年（777）3月頃から投降するエミシが相次ぎます。5月25日、相模・武蔵・下総・下野・越後からの甲200領を出羽国の砦や兵舎に送らせます。同月27日、死去した大伴駿河麻呂の代行として陸奥守の紀広純が陸奥按察使を兼任します。

◈議政官を独占する藤原氏

宝亀8年9月18日6年前に中納言から内臣になった藤原良継（藤原4兄弟宇合の次男）が亡くなります。『続紀』は良継について「官人の昇降は意のままだった」と記していますが、エミシ対策の最高責任者は藤原良継です。同年10月13日大納言・近衛大将藤原魚名（藤原4兄弟房前の末子）が大宰帥を兼任します。

藤原魚名が内臣（当時、左大臣は藤原永手）の座についたので、エミシ征討は良継から魚名に引き継がれます。同年の『続紀』宝亀8年（778）12月14日条によれば「紫波村（出羽国）の蝦夷が蟻のように結集して、

やりたい放題にわるいことをしました。出羽軍が戦いましたが、敗れて退却しました」という陸奥国の鎮守将軍紀広純からの報告が入ります。当時、紫波郡は出羽国に所属していました。今の盛岡市・雫石町をふくむ一帯です。広純の連絡を受けた朝廷は鎮守権副将軍の佐伯久良麻呂に出羽国を鎮圧させます。

　ちなみに『続紀』宝亀8年（778）12月14日条には次のような注釈がついています。「国史大系本（田口卯吉編、黒板勝美校訂によって明治30年から明治34年までの間に刊行される）では、この後授位授勲記事があるが、この記事は文脈悪く、誤りもあるので省く、翌宝亀9年6月25日条の記事が正しいと判断される」と。したがって宝亀9年6月25日条を見ると次のように書かれています。

　　　陸奥・出羽の国司以下の者で、蝦夷征討に軍功のあった2267人に位が授与された。按察使・正五位紀朝臣広純に従四位下・勲四等を、鎮守副将軍従五位上・勲七等の佐伯宿禰久良麻呂に従五位下・勲五等を、外正六位上の吉弥侯佐西古と第二等の伊治公呰麻呂に外従五位下を、勲六等の百済王俊哲に勲五等を授けた。その他の人々への叙位はそれぞれ差があった。位を賜らなかった人は録を賜ったが、やはりそれぞれ差があった。戦死した父の子にも例によって叙位された。

　宝亀10年（779）正月1日従二位の藤原魚名が内大臣に就任し、魚名は議政官のトップに立ちます。しかし7月9日、参議・中衛大将の藤原百川が48歳で亡くなります。百川は藤原4兄弟宇合の八男ですが、光仁天皇擁立の策謀家として知られています。

　同年9月4日、藤原4兄弟武智麻呂の長子豊成の四男縄麻呂が百川の中衛大将を引き継ぎます。天皇の側近として護衛警護を任う中衛府の長官は、中納言クラスの参議が資格相当です。

　宝亀11年（780）2月1日参議・中納言の石上宅嗣が大納言、参議の藤原田麻呂と参議・兵部卿兼左衛督の藤原継縄が中納言、伊勢守の大伴家持

と右大弁の石川名足、陸奥鎮守副将軍の紀広純も参議です。

中納言になった藤原田麻呂は宇合の五男です。一方の継縄は武智麻呂の子豊成の次男です。継縄は延暦2年（783）大納言、同9年（790）に右大臣になります。この人事は光仁天皇の意思を反映した対藤原人事と言われていますが、光仁から桓武天皇初期までの議政官トップは永手（房前の子）、良継（宇合の子）、魚名（房前の子）、田麻呂（宇合の子）、是公（武智麻呂の孫、乙麻呂の子）、そして継縄へとバトンタッチされます。

◈覚鱉城造成の陸奥国からの報告

参議・兵部卿兼左衛督藤原継縄が中納言に昇進した宝亀11年2月1日の翌日、陸奥国から次のような報告があります。

　　船路をとって、残存の賊を討ち払おうと思っていますが、近年は非常に寒くて、その河はすでに凍って船を渡すことができません。けれど今も賊の来襲は止むことがありません。それでまずその侵攻の道を塞ぐべきだと思います。その上で軍士3000人を徴発し、3、4月の雪が消え、川の水が溢れる時ただちに賊地に進軍し、覚鱉城を固めようとしています。

冒頭の「航路」もそうですが、官軍が渡ろうした河は北上川（日高見川）です。また覚鱉城は岩手県胆沢郡衣川説・前沢説、宮城県栗原郡金成町説、登米郡中田町説がありますが、伊治城の北方に位置する衣川右岸か磐井川中流の厳美渓のあたりと考えられます。陸奥国からの報告に対して天皇は次のように回答します。

　　海沿いの地域はいくらか遠くて、その辺の賊が来襲するには不便であるが、山地の賊は住居地が近いので隙を窺っては来襲する。いずれは討伐しなければ、その勢いはさらに強くなるであろう。そこで覚鱉城を造って胆沢の地を獲得せよ。陸奥・出羽両国の安泰にとってこ

れほどよいことはない。

同年2月21日また陸奥国から連絡が入ります。

　去る正月26日賊が長岡に入って民の家を焼きました。官軍はこれ
を追撃しましたが、双方に死者がでました。もし今早々に征討しなけ
れば、おそらく賊の来襲・侵犯はやまないでしょう。3月中旬に、兵
を発して賊を討ち、あわせて覚鼈城を造り、兵を置いて、鎮め守るこ
とを請い願います。

エミシが襲撃した長岡は伊治城の南方のちょうど衣川と多賀城の中間地
帯になる現在の宮城県古川市長岡あたりです。天皇（光仁）はまた次のよ
うに勅します。

　狼は子供でも野性の心をもって恩義を顧みない。そのように蝦夷も
敢えて険しい地形を頼みとしてしばしば辺境を侵犯する。兵器は人を
害する凶器であるがこの際使うこともやむえない。よろしく3000の
兵を発して残党を刈り取り、敗残の賊兵を滅ぼすように。すべて軍事
作戦の行動は、都合のよい時に随時行え。

このように光仁天皇の頃からエミシを「野生の心をもった狼のような人
間」（異人種）と呼ぶようになります。

2　俘囚伊治公呰麻呂の反乱

※大領道嶋大盾の正体

ところが光仁天皇宝亀11年（780）3月22日陸奥国の上治郡（伊治郡）
大領の伊治公呰麻呂が反乱を起こし、徒衆を率いて按察使・参議・従四

位下の紀広純を殺害します。朝廷にとって寝耳に水の予想外の大事件です。砦麻呂は2年前の宝亀9年6月エミシ征討の軍功として外従五位下に任じられたばかりです。

大領といえば郡司の長官です。郡司を任ずるには国司が候補者を詮議して、本人を式部省（都）に召喚して面接するのがきまりです。伊治公砦麻呂の場合は多賀城に赴いたのでしょう。

伊治公砦麻呂が授与された「従五位下」は、律令官位制の外臣（地方豪族、外国人、エミシ）に与えられる位としてはトップクラスです。諸臣外の最高の位は外正五位上ですから外従五位下は上から4番目になります。『続日本紀』は砦麻呂の乱について次のように記しています。事件の重大性を示す異例の扱いです。

伊治公砦麻呂は俘囚の子孫であった。初めは事情があって広純を嫌うことがあったが、砦麻呂は恨みを隠し、広純に媚び仕えるふりをしていた。広純はたいそう彼を信用して特に気を許した。また牡鹿郡の大領の道嶋大盾は同じ蝦夷出身でありながら常に砦麻呂を見下げ侮り、蝦夷としてあつかった。

砦麻呂はこれを深く恨みに思っていた。時に広純は覚鱉城を造り、警備衛兵や斥候を遠くに配置した。そして蝦夷軍を率いて伊治城に入った時、大盾と砦麻呂もともに従っていた。

ここで砦麻呂はひそかに敵に通じ、蝦夷の軍を導き誘って反乱を起こした。まず、大盾を殺し、徒衆を率いて按察使の広純を囲み殺害した。ただ1人陸奥介の大伴宿禰真綱のみ、囲みの一角を開いて出し、多賀城に護送した。多賀城は長年、陸奥国司の治めている所で、兵器や食糧の貯えは数えられないほどであった。

城下の人民は競って城中に入り保護を求めた。結局、人民はよりどころをなくしてたちまち散り散りに去っていった。数日して賊徒が多賀城に至り、府庫のものを争って取り、重いものも残らず持ち去った。あとに残ったものは火を放って焼いた。

第5章　百済系渡来王朝とエミシ

　この『続紀』の記録は体制側の都合の悪いところは隠蔽していますが、大半は史実に沿って書かれています。冒頭部分の牡鹿郡の大盾道嶋は、通説（喜田貞吉や井上光貞の説）ではエミシとされています。道嶋大盾とは別人の道嶋嶋足は藤原仲麻呂の子恵美訓儒麻呂を坂上苅田麻呂ともに射殺してその功績で昇進した武人として知られています。

　しかし在野の古代史研究者石渡信一郎は大盾道嶋を道嶋嶋足と同族とし、坂上苅田麻呂同様、その出自を百済系氏族（渡来氏族）の出身とみています。というのは道嶋氏の本拠地牡鹿地方の桃生郡矢本町には5世紀の土師器が出土し、7、8世紀には百済人特有の横穴古墳群が出現しているからです（『古代蝦夷と天皇家』参照）。

　❖ "捕虜の献上を待ちかねる"
　宝亀11年（780）3月28日藤原継縄が征討大使、大伴益立と紀古佐美が征討副使に任じられ、翌日、大伴真綱は陸奥鎮守副将軍、安倍家麻呂は出羽鎮狄将軍に任じられますが、大伴益立は陸奥守を兼ねます。

　同年5月8日、平城京の庫と諸国にある甲600領をすぐに出羽の鎮狄将軍のもとに送ることにします。陸奥国の反乱に対して出羽国に武器・武具を送るのですから、出羽国は官軍（朝廷）の「夷を以て夷を征する」ための兵站基地としての役割を果たします。

　同年5月11日天皇は出羽国に次のように勅します。

　　　渡嶋の蝦夷が以前に誠意を尽して来朝し、貢献してきてからやや久しくなる。まさに今、俘囚が反逆を起こし、辺境の民を侵し騒がせている。出羽鎮狄将軍や国司は渡嶋の饗宴を賜る日に、心がけて彼らをねぎらい諭すようにせよ。

　渡嶋（青森・北海道）のエミシの協力を得て、後方（北）から反乱を鎮圧しようというのですから、今回はかなり大掛かりな征討です。天皇（光

119

仁）は5月14日から16日にかけて、矢継ぎ早に勅を発します。参議で議政官といえばいまの大臣です。その紀広純の殺害は天皇を動転させたのでしょう。しかも西の大宰府に匹敵する東の多賀城が放火と収奪にあったのです。

　軍事上重要な備えを欠いてはならない。坂東諸国や能登・越中・越後に命じて、糒3万石を備えさせよ。飯を炊いて天日に乾かすには限度があるから、損失のないようにせよ。

　狂暴な賊徒が平和を乱して辺境を侵犯し騒がせているが、のろし台は信頼できず、斥候は見張を誤っている。今、征討使と鎮狄将軍を遣わして別々の道から征討させ苅り平らげ、日を定めて大軍を集結させるからには、当然のこととして文官と武官は謀議を尽し、将軍は力を尽して、よこしまなことを企てる者を苅り平らげ、元凶を誅殺すべきである。

　広く志願者を募り、素早く軍営に送るようにせよ。もし機会を得たことに感激して、忠義勇気を奮い励み、自ら尽すことを願う者があれば、特に名を記録して奉れ。平定の後に、異例の抜擢を行うであろう（5月16日）。

　さらに天皇は同年6月8日百済王俊哲を陸奥国鎮守副将軍、多治比宇佐美を陸奥介に任じ、陸奥持節副将軍の大伴益立には次のように督促します。「去る5月8日、今月下旬をもって陸奥国府に進軍すると言明して、もう2ヵ月経っている。捕虜を連行し献上するのを待ちかねている。どうして何十日も消息がないのか。もし書面で意を尽くせないのであれば、軍監以下で状況を説明できる者を1人差し向け、早馬で報告させよ」

　陸奥鎮守副将軍百済王俊哲の追加人事は現地指揮の怠慢に対する天皇の憤りと焦りの現れです。同年7月21日、征討使が甲1000領を請求してきたので、尾張・参河など5ヵ国に命じて軍営に運ばせます。2日後、また、綿入れの上着4000領を請求してきたので、東海道・東山道に命じてすぐ

送らせます。

　天皇はまた次のように勅します。

　　　　今、逆徒を討つために坂東の兵士を徴発する。来る９月５日までに
　　　みな陸奥国多賀城に赴かせ集結させよ。必要な兵糧は太政官に申請し
　　　て多賀城に送るように。兵士が集まるには時期があり、食糧を送るに
　　　は続けるのが難しい。そこで、路や便や近さを考えて、下総国の糒
　　　6000石と常陸国の糒１万石を割いて、来る８月20日までに軍営まで
　　　運び送らせよ

※秋田城と河辺城の利害
　同年８月23日出羽国鎮狄将軍の安倍家麻呂から「夷狄の志良須や俘囚
の宇奈古らが、"私どもは朝廷の権威を頼みとして久しく城下に住んでい
ますが、今この秋田城はついに永久に放棄されるのでしょうか"と尋ねて
きました」と連絡が入ります。

　天皇は次のように回答します。

　　　　そもそも秋田城は敵を防御し民を保護して長い年月を経て来た。に
　　　わかにすべてこれを放棄するのはよくない。多少の軍士を遣わして鎮
　　　守に当たらせ、俘囚が朝廷に服する心を損なわないようにせよ。よっ
　　　て、すぐに使者もしくは国司を遣わして秋田城の専任とせよ。また由
　　　利柵は賊の要害に地に位置しており、秋田城へ道が通じている。ここ
　　　へも兵士を遣わして、互いに助け合って防御させるように。
　　　　ただ思うに、宝亀の初めに、国司が"秋田城は保ちにくく、河辺城
　　　は治めやすい"と言ったので、当時の評議は河辺城を治めることに
　　　なった。しかし、今まで、歳月を積んでも秋田城の民は未だ移住しよ
　　　うとしない。これはあきらかに民が移ることを重荷としていることで
　　　ある。この心情を汲み、俘囚や人民１人ずつに尋ねて、詳しく秋田城
　　　と河辺城の利害を述べるようにせよ。

払田柵跡

　河辺城については後藤宙外（1866-1938、秋田県生まれ、小説家）の払田柵説、喜田貞吉の雄勝城移転説、新野直吉・船木義勝の河辺府説（払田柵）、高橋富雄の雄勝城説があります。高橋富雄の雄勝城説は天平宝字4年（760）に完成した雄勝城が払田柵です。この説は雄勝郡羽後町足田遺跡を否定することになります。しかし後藤宙外の説に新野説を加味した説が正しいでしょう。

　払田柵跡は秋田県仙北郡仙北町払田（横手盆地北辺）にあります。払田柵跡は出羽丘陵東麓沿いに北流する雄物川と奥羽山脈から南流する玉川の合流地点、JR奥羽本線大曲駅の東方5kmほどのところに位置しますから南の雄勝城から北の払田柵跡まで約30kmあります。

　払田柵跡は雄物川の右岸、玉川の左岸に位置します。盛岡から秋田行きの秋田新幹線（こまち）は奥羽山脈を横断し玉川に沿って大曲駅に到り、大曲から北流する雄物川に沿って横手盆地から日本海沿岸の秋田平野に出

ます。

　盛岡から雫石まで約18km、雫石から田沢湖まで27km、田沢湖から角館まで21km、角館から大曲まで約14km、大曲から秋田まで約46kmの距離です。田沢湖周辺からだとエミシの拠点紫波村は近距離です。宝亀

雄物川と玉川の合流地点。背後の山は神宮寺岳。

11年当時の出羽国府は河辺城（払田柵の前身）にあったと考えるほうが合理的です。

❖伊治城に至る「5道」
　宝亀11年10月29日天皇は征討使藤原小黒麻呂に次のように勅します。

　　私は今月22日の奏上をみて、征討の時機を失っていることを知った。将軍が出発してから久しく月日が経っている。集まった歩兵・騎兵は数万人に上っている。本来ならばすでに狂暴な賊を平らげ滅ぼしているはずである。それなのに今頃になって、「今年は征討できません」と報告してきた。
　　夏には草が茂っていると称し、冬には被（防寒上着）が足りないと言い、さまざまな言い逃れをしてついに駐留したままである。武器を整え、兵糧を準備するのは将軍の本分である。しかるに兵を集める準備もしないで、逆に「まだ城中の食糧は貯えられていません」と言う。
　　しからば何月、何日に賊を誅して伊治城を回復するというのか。まだ、11月になっていないのであるから、十分に兵を向けることができるはずである。名将の軍策はこのようであるべきでない。もし、今月中に賊地に入らなければ、多賀城・玉作城などに駐留して、よく防備を固め、併せて戦術を練るようにせよ。

第5章　百済系渡来王朝とエミシ

123

同年12月10日、征討使小黒麻呂からは次のような回答です。

　　　虫のようにうごめく蝦夷は実に多い仲間があり、言葉巧みに誅罰を
　　逃れたり、隙をうかがい害悪をほしいままに及ぼしたりします。この
　　ため、2000の兵士を遣わして、鷲座・盾座・石沢・大菅屋・柳沢な
　　どの5道を攻め取り、木を斬って、径を塞ぎ、溝を深くして堅固な砦
　　を造り、逆賊が形成をうかがう拠点となる要害を断とうと思います。

　征討使の報告によれば、出羽と陸奥を結ぶ道は多くあるので、その主要
路を遮断しようとしたのでしょう。「鷲座・盾座・石沢・大菅屋・柳沢」
の5道ですが、その道路が現在のどのあたりになるのかわかっていません。
仙台近郊説がありますが信用できません。横手・北上間の湯田あたりが大
菅屋という説もあります。
　吉田東吾の『大日本地名辞書』には「鷲座以下5道は、必定、玉造以北、
栗原郡の地にして、伊治城に至る左右の要害と思わるるも、後世にきこえ
ず」と書かれています。要するに伊治城の東西の道だが、それ以外のこと
はわからないと吉田東吾も匙を投げています。
　「5道を遮断しようと思う」という征討使の報告に対して、天皇は「聞
くところによると、出羽国大室塞などもまた賊の要害であり、つねに隙を
狙ってはしきりに来襲し、略奪を行っているという。将軍と国司に命じて、
地勢を視察させ、非常事態のめの防御をさせるように」と命じます。大室
塞はかつて大野東人が雄勝に入ろうとしたときに駐屯した山形県雄尾花沢
の近辺です。
　宝亀11年の暮れの12月27日陸奥国鎮守副将軍の百済王俊哲らが「私
たちは賊に囲まれて、兵士は疲れ矢は尽きました。ところが陸奥国の桃生
や白河などの郡の神11社に祈りましたところ、やがて囲みを破ることが
できました。これが神の力でなかったら、どうして兵を生存させることが
できたでしょう。これら11社をぜひ幣社に加えられますように」と伝え
てきました。

百済王俊哲らがエミシに包囲されて苦境に立たされたのはわかりますが、俊哲らがどのような神に祈り、また陸奥国の桃生や白河などの郡の神11社にいかなる神が祀られていたのでしょうか。『続紀』からは知ることができません。

3　天智系天皇桓武のトラウマ

◈桓武天皇の登場

　光仁天皇最後の年の天応元年（781）正月10日、元号が「宝亀」から「天応」に変わります。正月10日参議・正四位下の藤原小黒麻呂が陸奥按察使を兼任します。小黒丸は房前の孫、鳥養の次男です。同年2月30日相模・武蔵・安房・上総・下総・常陸などの国に命じて、穀10石を陸奥の軍営に運ばせます。

　同年4月1日、皇太子山部親王（44歳）は病気療養中の光仁天皇から位を譲られて即位します。いよいよ桓武天皇（781-806。在位737-806）の登場です。4月4日桓武天皇の弟早良親王が皇太子になります。5月7日、陸奥按察使の小黒丸は兵部卿を兼任、27日従五位上の紀古佐美が陸奥守になりました。2日後の5月29日桓武天皇は参議・征東大使・兵部卿・陸奥按察使・常陸守兼任の藤原小黒麻呂に次のように勅します。

　　去る5月24日付きの上奏文を見て、詳しく状況を知ることができた。あの蝦夷の性質は蜂のように寄り集まり、蟻のように群がって、騒乱の元をなしている。攻めれば山の藪に素早く逃げ込み、放っておくと城や砦を侵略する。しかも、伊佐西古・諸絞・八十嶋・乙代らは賊の中の首領で、1人で1000人に匹敵する。

　　彼らは行方を山野にくらまして、機会をうかがい隙を狙っているが、われらの軍の威勢を恐れてまだあえて害毒をふりまいていない。今、将軍たちはまだ1人の賊の首も斬らないまま、先に征夷の軍隊を

解散してまった。事はすでに行われてしまって、もうどうすることもできない。ただ先と後の上奏を見ると、賊軍は4000余人いて、そのうち斬った首級はわずかに70余人である。残っている賊はなお多い。

　どうして先に戦勝を報告して急いで都に向かうことを願うのか。たとえ旧例があるからといっても、私は認めない。そこで副使の内蔵忌寸全成・多犬養のうち1人を駅馬に乗って入京させ、まず軍における委細を報告させよ。

　桓武天皇は藤原小黒麻呂を征夷の最高指令官に任命し、戦略の見直しを図ります。この頃、エミシ側の首領級の名前や地勢やエミシが得意とするゲリラ戦法が明らかになってきました。「伊佐西古・諸絞・八十嶋・乙代」らは『続紀』における初出のエミシです。ちなみに『荒蝦夷』の著者熊谷達也は伊佐西古を玉造、諸候を紫波のエミシとしています。また高橋克彦の歴史小説『火怨』によると、伊佐西古は江刺の頭領、諸候は気仙、乙代は稗貫の首領です。

　ところで先に紹介しました『アテルイと東北古代史』の座談会で熊谷公男は樋口知志に「伊佐西古」など4人の出自を質していますが、樋口氏は「4人は砦麻呂の乱〈780年〉の戦いで蜂起した俘囚の指揮官クラスで、いずれも公弥侯部姓の公候部である」と答えています。「公弥侯部姓」とは和我君計安曇や伊治公砦麻呂のように本拠地の地名＋公（君）の姓を持つ蝦夷の族長を意味しています。ちなみにアテルイの正式名は大墓公阿弖流為です。アテルイは胆沢（岩手県奥州市水沢区）を本拠としたエミシの族長であったのです。

　7月10日小黒麻呂は兵部卿から民部卿に転じ、兵部卿の後任に藤原家依が就任します。8月25日小黒麻呂がエミシ征討の任務を終えて帰京します。小黒麻呂の主要任務は戦線の状況視察といったところです。

　同年9月29日征東副使の大伴益立が、任務怠慢のかどで従四位下の位を剥奪されます。『続紀』は、「益立は征討の時機を誤ったばかりか空しく軍糧を費やしたので、改めて征討大使として小黒麻呂を遣わしたのだ」と

記しています。

❖桓武天皇の母高野新笠

　さて、山部親王こと桓武天皇は光仁天皇と高野新笠との間に生まれた長子（第1皇子）ですが、母の新笠の家柄が低かったために皇位継承の立場にありませんでした。新笠は百済系土師氏を出自とする真妹を母とし、父は和乙継という百済家渡来人です。

　和新笠の「高野」になった理由は聖武天皇の娘高野天皇（孝謙天皇）にあやかったものと考えられます。称徳を「高野天皇」と呼ぶのは高野山陵に葬られたからです。歴史学者の瀧浪貞子は新笠の同族が高野天皇陵（奈良市山陵町字御陵前）の所在する大和国添下郡の郡司であり、陵の管理にかかわっていた関係とみています。

　通説では桓武天皇の母高野新笠は身分が低かったとされています。しかし石渡信一郎が明らかにしたように、古代日本国家は新旧2つの朝鮮半島からの渡来集団によって建国され、天智・天武が百済系渡来集団の始祖王応神＝倭王武（昆支王）の末裔であるならば、高野新笠が百済系武寧王の子純太王の子孫であることはほぼ間違いありません。

　なぜなら隅田八幡鏡銘文や武寧王陵の発掘（1971年）やその後の調査・研究から武寧王が昆支大王の子であり、継体天皇（男弟王）が昆支の弟であることも明らかになっています（『隅田八幡鏡』参照）。であれば先の高野新笠の身分が低いという瀧浪貞子の見解は十分に修正の余地があると言えます。

❖2つの冤罪事件

　天応元年（781）12月23日桓武の父光仁天皇が73歳で亡くなります。桓武天皇の即位早々、2つの事件が相次いで起きます。1月の川継事件と3月の三方王魘魅事件です。川継王は父の塩焼王が天武の孫（新田部親王の子）であり、母の不破内親王が聖武の娘であったので天武系の血脈では山部王（桓武）の比ではありません。

127

この川継王が「朝廷を傾けよう」としたというのです。この事件で大伴家持や右衛士督坂上苅田麻呂ら35人が嫌疑を受けます。もう1つは天武天皇を父にもつ舎人親王の孫にあたる弓削女王（三原王の子）とその夫三方王による呪詛事件です。

　この2つの事件の共通点は天武系の血をひく親王を排除するための冤罪事件であることです。不破内親王と川継王は淡路島に流刑されますが、逃走を試みて捕まった川継王は伊豆諸島に流されます。一方の三方王は妻の弓削女王と一緒に日向に流されます。このように天武系排除の策謀はエミシ征討中に行われます。天皇桓武の皇位継承のトラウマは対エミシ38年戦争天皇の続行に一層の拍車をかけることになります。

　ところが宝亀3年（772）3月井上内親王（聖武天皇の第1皇女。母は夫人犬養広刀自。光仁天皇の皇后。別名井上廃后、吉野后）は光仁天皇を呪詛したとして皇后の地位を剥奪されます。続いて5月には他戸王（母は井上内親王）が廃太子とされ「庶民」とされます。同年4年10月光仁天皇の姉難波内親王が死去すると、井上の呪いのせいであるとされ、井上内親王と他戸王は大和国宇智郡（奈良県五條市）に幽閉され、宝亀6年（775）4月27日、2人は同じ日に亡くなります。おそらく毒殺か処刑されたのでしょう。

　山部親王（桓武）が皇太子になったのは宝亀4年の1月2日ですが、その陰のプロデューサーは藤原百川とされています。その証拠に桓武天皇は百川の子諸継を29歳の若さで参議にした際に、「諸継の父なかりせば、予、あに、帝位を踏む得んや」と言ったといいます。

　※実弟早良親王の祟り

　桓武天皇のもっとも大きなトラウマは藤原種継暗殺事件に関与したとして実弟の皇太子早良親王を廃太子したことです。藤原種継は式家宇合の孫、無位・清成の長男です。叔父の良継・百川の死後は宇合の孫で最年長であった種継が式家を代表する立場にいました。

　桓武天皇の信任の極めて厚い種継は延暦元年に参議、2年に従三位、3

年に中納言に昇進し、その年桓武天皇が嫌う平城京から長岡京（現京都市
向日市、長岡京市、京都市西京区）への遷都を推進する責任者となったの
です。

　種継暗殺事件に関与したとして乙訓寺（長岡京市今里）に幽閉された早
良親王は、淡路へ移送される途中、高瀬橋（大山崎のあたり）で絶命しま
す。『日本紀略』（平安時代に編纂された歴史書。六国史の抜粋と六国史以
後一条天皇までの歴史を記す）によれば、この事件は大友家持、同継人を
中心とする人々が皇太弟早良親王と密談して種継を暗殺したというのが捜
査の結論になっています。

　早良親王は桓武天皇の12歳年下ですが東大寺の大僧都等定を師として
三月堂に移り、父光仁の即位によって親王号を与えられ「親王禅師」と呼
ばれました。東大寺別当良弁の後継者に指名されてからは東大寺の代表者
となります。そして兄桓武即位の際、環俗して皇太弟となったのです。

　桓武天皇の即位当初、早良親王は佐伯今毛人を抜擢して参議に任命しま
すが、種継がこれに反対して親王と対立します。種継の味方をした桓武は
今毛人を参議からはずして三位に格下げします。早良親王は桓武に抗議し
ますが、これ以来桓武と早良との関係は悪化したというのが大方の説です。

　桓武天皇が早良親王の鎮魂のために建立したという栗林常隆寺は北淡路
随一の秀峰常隆山（標高515ｍ）の頂上近くにあり、早良親王の陵墓は常
隆山から下る途中の宇仁井にあります。早良親王のあと皇太子に立てら
れた安殿親王（後の平城天皇）は、桓武と藤原乙牟漏（良継の娘）の長子
として生まれ、兄弟姉妹に阿保親王・高岳親王（後の嵯峨天皇）がいます。
阿保親王の五男が在原業平です。

　安殿親王は生来虚弱である上、桓武の夫人藤原旅子（百川の娘）の死去
（788年5月）に続く、高野新笠の死（789年12月）、皇后の藤原乙牟漏の
死（790年閏3年1月10日）などがあったので、陰陽師の占いは早良親王
の祟りと出ました。

　そこで延暦24年（805）4月早良親王の遺影が淡路北淡から今の奈良市
八島町の崇道天皇八嶋陵に移されました。早良親王の霊を祀る崇道天皇社

は奈良市西10番地に鎮座しています。

早良親王の「崇道」という天皇号が追称されたのは延暦19年（800）7月23日です。この年の3月14日富士山が爆発し4月18日まで続いたと『日本紀略』に記されているので、エミシ征討が終わりに近づいているとはいえ、早良親王の祟りは晩年の桓武の身体にひどくこたえたに違いありません。

※百済王氏は桓武の外戚

桓武天皇の母高野新笠は父光仁がまだ白壁王といわれていたときの妻の1人です。百済系の母をもつ桓武天皇は790年（延暦9）2月の詔で「百済王等は朕が外戚なり」とし、百済王氏を桓武の母方の親族とみなしています。

桓武は母の新笠が百済王の子孫であったこともあり、百済王氏に対して強い親近感をもっていました。百済俊哲の娘や孫娘をふくめて、百済王氏出身の女性9人が桓武の後宮に入っています。そのうちの2人の女性は桓武との間に皇子・皇女を生んでいます。

桓武の後宮には飛鳥戸や錦織氏などの百済系氏族の女性も入っています。百済永継は昆支の子孫といわれる飛鳥部奈止麻呂の娘として785年（延暦4）桓武との間に皇子を生んでいます。昆支大王（倭王武）の血を引く女性が桓武の子を生むことができたのは、桓武が百済系の氏族に好意をもっていたからであり、昆支系の氏族が桓武時代以前に「貴種」とされていたからです。

百済永継は桓武の後宮に入る前に、藤原内麻呂の妻として774年（宝亀5）真夏、775年（宝亀）に冬嗣を生んでいます。冬嗣は823年（弘仁13）正二位、825年（天長2）に左大臣になります。

冬嗣は以降、藤原氏北家隆盛の基礎を築きます。冬継→良房→基経→忠平→師輔→兼家→道長→頼道と続きます。道長が「この世をば わが世とぞ思ふ 望月の かけたることも なしと思へば」と歌った心境もわかるというものです。

冬継が桓武・平城・嵯峨天皇（3代）に仕えることができたのも、正三位・大納言藤原真楯の子藤原内麻呂（756-812）が外従五位下にすぎない飛鳥戸奈止麻呂の娘永継を妻としたのも、加羅系の藤原氏が昆支系の血統を貴んでいたからです。

昆支系の血統が「貴種」とされていたのは、昆支が天皇家の始祖王であることが密かに知られていたからです。桓武がエミシを「蛮夷」と呼んでいるのも、百済系を自負する桓武にとってエミシは異人種だったからです。このためもあり、百済王俊哲は対エミシ38年戦争において獅子奮迅の働きをしています。

次節では桓武天皇下の対エミシ38年戦争がいかに続行されたのか検証し、桓武の百済王氏との関係については「坂上田村麻呂とアテルイ」で取り上げることにします。アテルイとモレは百済王氏の本拠地枚方で処刑されているからです。

4　巣伏村の激戦

◇鎮守府将軍大伴家持

天応2年（782）年5月20日陸奥国が「鹿嶋神に祈祷して凶賊を打ち払いました。鹿嶋神の霊験は偽りではありません。お礼として鹿嶋神に位階を授けられるようにお願いいたします」と申請したので、天皇は鹿嶋神に勲二等と封2戸を授けます。

とすると宝亀11年（780）12月の百済王俊哲がエミシに取り囲まれた時、祈った神はこの鹿嶋神にちがいありません。鹿嶋神は藤原鎌足が氏神とするタケミカズチ神すなわち武力の神だからです。しかも鹿嶋神宮（茨城県鹿嶋市）を総本山とする苗裔神はエミシ平定の拡大とともに東北地方に広がっています。

したがって今も秋田県の横手盆地の民俗行事として行われている「鹿嶋流し」や「鹿嶋送り」は鹿嶋信仰の名残りと考えられます。これは征夷祈

願の祀りが、村の各家々から奉納された武人姿の鹿嶋人形を鹿嶋船に乗せ、笛太鼓で囃しながら村を練り歩き、最後に川に流す五穀豊穣と虫除けの祭りになっています。

同年6月17日春宮大夫の大伴家持（65歳）が陸奥按察使・鎮守府将軍を兼任し、入間広成が陸奥守になりますが、家持は2年後の延暦3年（784）2月持節征討将軍になり、その翌年の延暦4年8月28日遠征先の陸奥国で死去します。しかし死去して約1ヵ月後の9月24日藤原種継暗殺の首謀者として官位を剥奪され、息子の永主らとともにその遺骨は隠岐に流されました。

家持が従三位に復位したのは21年後の大同元年（806）3月17日の桓武天皇が亡くなった日です。家持は春宮大夫として早良皇太子に近かったので、安殿親王派と早良親王派の対立に巻き込まれたのです。

安殿親王（平城天皇）は宇合の次男良継（宿奈麻呂）の娘乙牟漏と桓武天皇の間に生まれています。弟は賀美能親王（嵯峨天皇）です。種継は良継の弟清成の子なので乙牟漏と種継はいとこ関係です。

ちなみに良継・清成の弟百川の娘旅子は桓武天皇との間に大伴親王（淳和天皇）を生みます。延暦3年（784）6月造長岡宮使に任命された藤原種継は桓武天皇の第1皇子安殿親王の皇太子擁立を画策して、早良親王派と対立しました。その矢先、その種継が暗殺されたのですから桓武天皇による粛清は凄まじいと言わなければなりません。そのエネルギーはエミシ征討に転嫁されます。

◈桓武天皇の再軍備指令

さて、藤原種継事件が起きる約2年半前の延暦2年（783）4月15日桓武天皇は次のように勅します。

聞くところによると、近年、坂東8国では籾米を陸奥の鎮所に運んでいるが、鎮所の指揮官や役人らは稲をもって籾米と交換し、さらにその籾米を絹布などの軽物に換えて京の自宅に送っているという。一

時的な利益を得て恥じることがない。また、むやみに鎮兵を使役して多くの私田を営んでいる。そのため鎮兵は疲れきって戦さに堪えることができない。

これを国のおきてに照らして考えると、深刻な罪罰に相当する。しかし、恩赦などで寛大に許してもらっている。今後は、2度とこのようなことがあってはならない。もし違反する者があれば、軍法によって逮捕して公利を侵し、私利を貪る徒に悪事をほしいままにだせることがないようにせよ。

同年4月18日天皇は正三位の藤原夫人（乙牟漏）を皇后とします。また、正四位下の藤原種継に従三位を授与します。4月19日天皇は坂東諸国に次のように勅します。

蛮夷が中国に侵入し、乱すようなことは古よりよくある。武力に頼らなければ、どうして民の害を除くことができようか。それで昔の中国の著名な帝王が、有苗（中国南部の蛮夷）を征討し、北方の匈奴に攻め入るなど、兵を用いたことはまことにもっともなことであると知るにおよんだ。

近年、蝦夷は猛り狂って乱暴をはたらき、われらは辺境の守りを失った。事情やむをえずしばしば軍隊を征討に発動して、その結果、坂東地方を常に徴兵と軍需物資の徴発に疲れさせ、農業に従事する人々を、長い間、武器・兵糧の輸送にくたびれさせることになった。

この苦労と疲れを思いやると、私は彼らがたいへん哀れに思う。今、使者を遣わして慰問し、倉を開いて手厚く支給する。「先ず、人民を喜ばせて使う」というが、まことにこれは優れた王が民を愛しているからであろう。およそ東国全土に私のあるところを知らしめよ。

同年6月1日出羽国から「宝亀11年に雄勝・平鹿2郡の人民は蝦夷に侵略されて、各自の本業を失い、甚だしく疲れ衰えています。改めて郡役

所を建てて、散り散りになった民を招集し、口分田を支給していますが、人民たちはまだ休み憩うことができません。

そのため調と庸を準備し進上する余裕がありません。どうか租税を免除していただき、疲れきった民を休息させるようお願いします」という申請があり、天皇は3年間の租税を免除します。同年6月6日天皇は次のように勅します。

　　蝦夷は平常の世を乱して王命に従わないことがまだ止まない。追えば鳥のように散り去り、捨てておけば蟻のように群がる。なすべきことは兵卒を訓練し教育して、蝦夷の侵略に備えておくべきである。

　　今、聞くところによると、坂東諸国の民は軍役がある場合、つねに多くは虚弱で全く戦闘に堪えられないという。ところで雑色の者や、俘浪人のようなたぐいには弓や乗馬に馴れている者、あるいは戦闘に堪える者があるのに、兵を徴発するたびに今まで1度も指名していない。

　　同じ皇民であるというのにどうしてこのようなことがあってよいのであろうか。坂東8国に命じて、その国の散位の子・郡司の子弟および俘浪人の類で、身体が軍士に堪えうる者を選び取り、国の大小によって1000以下500以上の者にもっぱら武器の使い方を習わせ、それぞれに軍人としての装備を準備させよ。

　　そして役人となる資格のある人には便宜を加えて当国で勤務評定を与え、無位の公民には徭を免ぜよ。そこで、職務に堪能な国司1人に命じて専門にこれを担当処理させよ。もし非常のことがあれば、すぐさまこれら軍士を統率して、現地に急行し、事の報告をせよ。

❖大伴家持からの報告

延暦4年（785）2月7日小田郡の大領・正六位上の丸子部勝麻呂が、外従五位下を授与されます。エミシ征討に参戦したからです。同年2月12日多治比宇美が陸奥按察使と鎮守副将軍を兼務します。4月7日陸奥鎮

守将軍の大伴家持から次のような報告がありました。

　　名取以南の14郡（亘理・伊具・刈田・柴田・宇多・行方・標葉・磐
　城・信夫・安積・磐瀬・白河・会津）は山や海の僻地にあって、多賀
　城からはるか遠く離れています。それで徴兵して出動しても緊急事態
　に間に合いません。このために仮に多賀・階上の2郡をおいて、人民
　を募り、人や兵を国府に集めて東西の防御としました。

　　ただ思いますに、単に名ばかりの開設であって、未だ郡を統率する
　官人は任命されていません。どうか正規の郡をつくって官員を備え置
　くことをお願いします。そうすれば人民は全体を管理していることを
　知り、賊は隙をうかがう望みを絶たれることになります。

　家持の言う「階上」は、おそらく多賀城の北部一帯、北上川中流地域の
宮城県北部の岩手県との県境までの地域を指しているのでしょう。「階」
は「上」と「下」の「上」を意味しますから「北」とも通じるからです。
先に述べたようにこの報告から4ヵ月後の延暦4年8月28日大伴家持は
死にました。家持が亡くなってから約2年後の延暦7年（788）2月28日
大伴家持の後を継いで多治比宇美が鎮守府将軍に就きます。副将軍は安倍
墨縄です。

◇鹿嶋神宮の神賤

　延暦4年3月2日桓武天皇は陸奥国に命じて兵糧3万5000石を多賀城
に運ばせます。また糒2万3000石と塩を東海道・東山道・北陸道などの
諸国に命じて、7月までに陸奥国に運ばせます。いずれもエミシを征討す
るためです。同年3月3日天皇はいよいよもって次のような勅を発しまし
た。

　　東海道・東山道・坂東の諸国の歩兵と騎兵5万2800余人を徴発し
　て、来年3月までに陸奥国多賀に集結させよ。その兵士の選出にお

いては、前回従軍して戦を経験し、勲功を叙された者と常陸国の神賤をすべて徴発し、その後に、他の者で弓射や乗馬に堪能な者を選び出すようにせよ。

『続日本紀』の註釈によると「神賤」は、「神社に隷属して田畑の耕作や雑役に従事した奴婢」とありますが、「常陸の国の神賤」は鹿嶋神宮の神賤を指して言っているのでしょう。『続紀』の宝亀11年（780）12月22日の記事に「常陸国司が、戸籍から抜けもれている神賤774人を鹿嶋神社の神戸に編入することを申請したという報告があった」と記されているからです。

　朝廷はこれを許しますが、神司がみだりに良民と知りながら、計画的に神賤にして霊妙なことを口実に朝廷の規定を侵し乱しているので、今後は2度と申請することのないようにと命じています。宝亀11年12月22日というと、その5日後に陸奥鎮守副将軍の百済王俊哲がエミシに取り囲まれて神に祈って助かりますが、その神は鹿嶋神であることは先述しました。

❖「早く、進軍せよ」と桓武天皇
　延暦7年（788）7月6日参議・左大弁・正四位下で春宮大夫・中衛中将兼任の紀古佐美（733-797）が征東大使（征夷大将軍）に任じられます。紀古佐美は8年前には征東副使として、征東使藤原継縄とともに陸奥国に赴いています。古佐美はその後、左中弁・式部大輔などを歴任し、785年に参議になっています。
　同年12月7日別れの挨拶にきた将軍紀古佐美に桓武天皇は節刀を与え、勅書を渡します。勅書の内容は次の通りです。

　　そもそも日を選んで将軍を任命するのはまことに天皇の詔によるものであるが、いったん将軍に推挙され征討の途にのぼれば、一切を将軍に任せる。聞くところによると、これまで副将軍らは軍令を守ら

ずに逡巡して留まったり、間違いをする者も多かった。その理由を尋ねてみると、まさに法を軽減したことに原因があった。もし副将軍が死罪にあたる罪を犯すようなことがあれば、拘禁して私に報告するように。軍監以下の者が法を犯した場合は、法によって斬罪を執行せよ。坂東が安泰か否かはまさにこの一挙にかかっている。将軍はこの遠征を成功させるように。

　征討将軍紀古佐美が陸奥国に出発してから約３ヵ月が経った延暦８年（789）３月９日諸国の軍兵は陸奥国の多賀城に集結し、それぞれ道を分けて賊地に攻め入りました。３月10日朝廷は使者を遣わして幣帛を伊勢神宮に奉納してエミシ征討の成就を祈願します。

　同年５月12日天皇は征東将軍に次のように勅します。

　　近頃の奏状を見ると、官軍は先に進まずに、なおも衣川に留まっていることがわかる。去る４月６日の奏状では、「３月28日官軍は河を渡って３ヵ所に陣営を置きました。その態勢はまるで鼎の足のようです」と報告している。

　　しかし、それからもう30余日も経ている。どういうわけで、このようにぐずぐず居続けて進軍しないのかと不思議に思う。今もってその理由がわからない。そもそも軍兵というのは拙くとも早い動きをするのを尊ぶのであり、巧みであっても遅いのがよいというのは聞いたことがない。

　　また思うに、６、７月はもっとも暑くなるであろう。もし、いま進入しなければ、恐らくその時機を逸してしまうであろう。いったんその時機を逸してしまえば、悔やんでみたところで始まらない。将軍らは臨機応変に進んだり退いたりして、隙をみせないようにせよ。留まっている理由や賊軍の消息を詳しく書いて、駅使に託して奏上せよ。

衣川は栗駒山麓の国見山の北麓と南麓から流れ出る北股川と南股川を支

流にもつ約50 kmの川です。2つの支流が古戸辺りで合流してまもなく北上川の西岸に達します。紀古佐美を征討将軍とする官軍が渡った川は衣川でしょう。官軍はひとまず衣川を渡り、それから北上川を右岸（西）から左岸（東）の北上山地の西麓のエミシの拠点（アテルイの本拠地）に攻め入る作戦です。桓武天皇の質問から約1ヵ月の6月3日征東将軍紀古佐美から次の回答がありました。

※将軍紀古佐美からの報告

　　副将軍の入間広成と左中軍の副将軍池田真枚は、前軍の副将軍安倍墨縄らと謀議して、前・中・後の3軍が同じ作戦で力を合わせて、北上川を渡って賊を討伐しました。
　　それぞれ2000人を選抜した中軍と後軍は、一団となって北上川の東岸（左岸）に渡り、エミシの首領阿弖流為の根拠地に近づいた時、待機していた300人ばかりの賊徒と合戦となりました。
　　官軍に圧倒された賊徒はいったん退却しました。一方北上川西岸（右岸）を北上した前軍は村々を焼き払いながら巣伏村に至ります。そして東山に進撃していた北上川の対岸（左岸）の中軍・後軍と合流しようとしました。

巣伏村は今の水沢市（奥州市）の四丑橋付近です。将軍紀古佐美の報告は次のように続きます。

　　ところが、前軍は賊徒に阻まれていて、川を渡ることができません。そこへ、賊徒が800人ばかり次々とやって来て官軍をさえぎりました。その力は大変強く、官軍が少し後退しますと、賊徒はただちに追い討ちをかけてきました。さらに、賊が400人ばかり河の東の山から現れて、官軍の背後の道を断ってしまいました。
　　官軍は前後を挟み討ちにされ、一方、賊徒はいよいよ奮い立って

第5章　百済系渡来王朝とエミシ

攻撃をかけてきました。官軍は前後押しはらわれて、別将の丈部善理、志願兵の高田道成・会津壮麻呂・安宿戸吉足・大伴五百継らが戦死しました。

巣伏の戦い（『岩手県の歴史』山川出版社より）

将軍紀古佐美の報告によると、この戦闘で焼き滅ぼした賊の集落は14ヵ村、家屋は800ばかりです。武器や種々の被害は、戦死した者25人、矢に当たった者245人、河に飛び込んで溺死した者1036人、裸で泳ぎ着いた者1257人です。このような報告を受けて動転した天皇桓武はさっそく次のように質します。

　近頃の上奏を見ると、「胆沢にいる賊徒はすべて河の東に集まっているので、まずこの地を征討し、その後で深く攻め入ろうと策を練っています」と報告している。しかし、もしそうしたいのであれば、軍監以上の者が兵を率いてその態勢を整えて、威容を厳重にして、前軍と後軍が相続き、賊徒に迫って討つべきであろう。
　ところが軍勢は少なく、指揮官の身分も低く、攻撃してかえって大敗という結末を招いた。これはその方面の副将らの作戦が間違っていたためである。丈部善理らの戦死者と多数の兵士の溺死に至っては、彼らを悼み悲しむ思いは心に迫るものがある。

同年（延暦8）6月3日征東将軍紀古佐美は次のように天皇に返答します。

胆沢の地は賊徒の中心地です。ただ今、大軍をもって征討し、村々を滅ぼしましたが、残党が潜伏していて、人を殺したり、物を略奪したりしています。また、志波（子波とも、盛岡周辺）や和賀（北上周辺）の地は遠く離れた奥深いところにあります。

　私たちが遠く進んで賊に接近し征伐しようと思いましても、食糧の運搬が困難です。玉造塞から衣川の営舎に至るまで４日、食糧や軍用品の受け渡しに２日間、そうしますと往復で10日かかります。衣川から志波の地に至るまでの行程を仮に６日とすると、食糧・軍用品の受け渡しも入れて、往復14日です。総計して玉造塞から志波の地に至るまで、往復24日間の行程となります。

　途中で賊にあって合戦し、雨に妨げられて進めなかった日はこの行程に含めていません。また河と陸路を使って食糧や軍用品を運搬する者は、１万2440人で、一度に運べる糒は6215石です。征討軍２万7470人が１日に食べる糧は549石ですから、これをもって補給と消費を計算しますと、１度に運べるものでは、わずか11日間しか支えることができません。

　私たちが考えますに、この状態で子波の地に向かうことは、補給も消費もこもごも不足します。かといって征討軍の兵を割いて運搬員に加えれば、征討軍の兵の数が少なくなりなり、征討するのに不足になります。またそればかりでなく、軍隊が賊地に入ってから、春が過ぎて夏にわたり、征討軍や運搬者たちはともに疲れ弱っております。

　侵攻するには危険があり、持久戦にも利がありません。久しく賊地に駐屯し、兵糧も百里以上も離れた地へ運ぶのは良策ではありません。それに虫のようにうごめいている小さな敵が、ひとまずは天の下す誅罰を逃れたといいましても、水田や陸田はもは耕し種を蒔くこともできず、すでに農耕の時期を失っています。後は滅びるしかありません。

　私たちは話しあって、征討軍を解散脱出させ、食糧を残して非常

のときの支えとすることを最良の策としました。また征討軍の兵の1日に食べる量は2000石になります。もし征討軍解散のことを朝廷に上奏して裁定の返答をまつことになりますと、さらに無駄な費用が増えることを心配します。それ故、今月10日以前に征討軍を解散して兵士を賊地の外に出すようにとの書状を送り知らせす。私たちの討議を奏上します一方で、強行してこれを実行しようと思います。

※天皇、将軍紀古佐美の責任を問う

　征東将軍紀古佐美の報告によると、征夷の前途は多難です。古佐美の報告は状況を正確に把握しています。北上川は盛岡から平泉あたりまで北から南に一直線に水嵩を増やしながら流れ下ります。上流に進むに従って、北上山地と奥羽山脈間の平野が狭くなり、両山麓からの不意の襲撃を受けやすくなります。

　この古佐美の訴えを臆病と無能のゆえと見るかそれとも合理的判断と見るか、天皇桓武の考え次第です。

　天皇から直ちに次のような回答がありました。

　　いま先の奏上と後の奏上を見てみると、「賊は河の東に集まり、官軍に抵抗して進入を防いでいます。それでまずこの地を征伐してから後に賊地に深く入ろうと計画しています」と言っている。

　　そうかと思うと、深く進入するのは有利ではなく、まさに軍を解散すべきであると言って来る。それならばその事情を詳しく報告すべきである。許可が下りてその後に、軍を解散し賊の地を出ても決して遅くはない。

　　ところが、少しも賊地に進入せず、にわかに戦を止めてしまうという。将軍たちの策の道理はどこにあるのか。将軍らは凶悪な賊を恐れて留まっているためであるということが、いま今、私にははっきりとわかった。

将軍らはうわべだけを飾った言葉で、罪や過失を巧みに逃れようとしている。また、入間広成と安倍墨縄は久しく賊地にあり、しかも戦場経験も豊富なので2人の戦いぶりに期待していた。

　ところが、彼らは静かに陣営のなかにいて、居ながらにして勝敗の行方を見ており、部下の補佐官を遣わして、それがかえって大敗という結末を招いた。いま無駄に軍を損ない、兵糧を費やして国家に大きな損害を与えた。出征軍を任された将軍がこのようであってよいのか。

　同年7月17日持節征東大将軍紀古佐美と副将軍らに対して、天皇桓武からまた追い打ちをかけるようにもろもろの批判を連ねた勅があり、その内容は虚飾に満ちた報告を厳しく戒めるものです。「これまでの奏上を調べてみると賊の首を斬りとることができたのは89級のみで、それに対して官軍の死亡者は1000人を越えている。負傷者に至っては2000人に及ぶ」と桓武天皇は報告と事実の食い違いを指摘します。

　「このように根拠のない戯言は、真に事実からかけ離れているというべきである」「ところが今、賊の奥地も極めずにその集落を攻略したといい、慶事と称して至急の駅使を遣わしている。恥ずかしいと思わないのか」と桓武天皇は容赦をしません。

　※征討将軍ら解任される

　同年8月30日天皇は「征夷に従軍した陸奥国の人民の田租を免除し、兼ねて2年間租税の負担を免除する。ただし、牡鹿・小田・新田・長岡・志太・玉造・冨田・色麻・加美・黒川の11郡は賊の居住地と接しているので同等とするわけにはいかないので、租税免除の年限は延ばす」と発表します。

　同年9月8日持節征東大将軍紀古佐美が陸奥国より到着して天皇に節刀を返上し、3日後の9月19日天皇は大納言藤原継縄・中納言藤原小黒麻呂・従三位の紀船守・左兵衛佐の津連真道・大外記の秋篠安人らを太政官の庁舎に遣わして、征東将軍らが進軍せずに戦に敗北した状況を調べさせ

ます。

　大将軍紀古佐美以下、副将軍入間広成、鎮守副将軍池田真枚、安倍墨縄らは、それぞれの理由を述べた上、全員敗戦の責任を承服しました。かくして次のような天皇の裁決が下ります。

　　大将軍紀古佐美らは任ぜられた本来の計画に従わず、進み入らねばならない奥地も極め尽くさないで、戦いに敗れ、兵糧のみを費やして帰ってきた。これは法に照らして罪を問い罰すべきものであるが、以前より仕えていることを思いおこして、罪を問わずに許すことにする。
　　また鎮守副将軍池田真枚と安倍墨縄らは愚かで頑（かたく）なであり、しかも臆病で拙劣であって、軍隊を進退させるのに分別を欠き、戦いの時期を逸してしまった。いまこれを法に照らすと、墨縄は斬刑に当たり、真枚は官職を解任、位階を剥奪すべきである。しかし、墨縄らは久しく辺境の守備に従事して仕えてきた功労があるので、斬刑は許して官職および位階だけの剥奪とする。
　　真枚は日上（ひかみ）（北上川）の湊で溺れていた兵士を救助した功労により、位階を剥奪する罪は許し、官職のみの解任とする。また少しでも功労のある者には、その軽量に従って然るべき取り計らい、小さな罪を犯した者も、問わずに許すことにする。

※百済王俊哲と坂上田村麻呂の登場

　延暦9年（790）閏3月4日天皇はエミシ征討のために諸国に革の甲（よろい）2000領を作らせます。東海道は駿河より東の国々、東山道では信濃国より東の国々で、国ごとに数の割り当てがあり、3年以内に造り終わらせるというのです。

　延暦11年桓武天皇の791年1月18日正五位上の百済王俊哲と従五位下の坂上田村麻呂を東海道、従五位下の藤原真鷲を東山道に遣わし、兵士の検問と武具の検査をさせます。エミシ征討のためです。

　同年2月5日陸奥磐城郡の住人丈部善理に外従五位下を授与しました。

143

善理が延暦8年の渡河作戦で戦死したからです。2月21日陸奥守・従五位下の文室大原が鎮守副将軍を兼任し、6月10日鉄製の甲3000領を諸国に命じて、新しい仕様で修理させました。

同年7月13日従四位下の大伴弟麻呂を征夷大使、百済王俊哲、多治比浜成、坂上田村麻呂、巨勢野足を征夷副使に任じられます。この時、弟麻呂61歳、田村麻呂34歳、野足43歳です。俊哲と浜成の年齢は不明ですが、田村麻呂より年長であるのは間違いないでしょう。

同年9月22日下野守・正五位上の百済王俊哲が陸奥鎮守将軍を兼任しました。10月25日東海道・東山道の諸国に命じて、征矢3万45余具を作らせます。11月3日さらに坂東の諸国に命じて、兵糧の糒12万余石をあらかじめ準備させます。

※『続日本紀』から『日本後記』へ

『続日本紀』は延暦10年桓武天皇の791年2月17日の記事で終わります。エミシに関する記事としては、坂東諸国に糒を準備させた11月3日の記事が最後です。延暦11年、桓武天皇の792年1月からは、『日本後紀』に譲ることになります。その『日本後紀』のエミシに関する記事は次の1月11日から始まります。

　斯波村（岩手県紫郡）の夷胆沢公阿奴志己らが使いをよこして「自分達は朝廷の徳化に帰服しようと思う気持を忘れたことはありません。しかし、伊治村（宮城県栗原郡）の俘（朝廷に帰順したエミシ）らが妨害するため、朝廷方と連絡をとることができなくなっております。願わくは、彼らの妨害を排除し、永く通路が確保されますことを」と、要請してきた。

　そこで朝廷の恩恵を示すため、下賜して帰らせた。朝廷は、「夷狄の性格は虚言を吐き、不実である。いつも帰属すると言いながら、ただ利益を求めるのみである。今後は夷の使者がやってきても、定例の賜物以上の物を下賜してはならない」と指示した（『日本後紀』（上）、

第5章　百済系渡来王朝とエミシ

森田悌訳、講談社学術文庫）。

『日本後紀』は延暦11年（792）の初頭から仁明天皇の天長10年（833）2月28日までの41年間の記録です。『日本後紀』の序文によると、弘仁10年（819）の嵯峨天皇の時代、陸奥出羽按察使藤原冬嗣・藤原緒嗣・藤原貞継・良岑安代らが編集作業に入り、緒嗣を残して3人が死去します。

『日本後紀』の編纂は淳和天皇（在位821-833）の時代に引き継がれ、清原夏野・小野岑守らが担当しますが、833年の淳和天皇の譲位まで完成させることができませんでした。仁明天皇（在位833-850）の詔によって、藤原緒嗣・源常・藤原吉野・陸奥出羽按察使藤原良房・朝野鹿取らが作業を継続し、承和7年（840）に完成します。時の左大臣は藤原諸嗣、右大臣は清原夏野です。淳和天皇の時の編纂員で残っていたのは藤原吉野です。

ところで『日本後紀』は、全40巻のうち巻5・8・13・14・17・18・21・22・24を残すのみで全体の75％にあたる30巻が中世末までに失われます。

残存した10巻も江戸後期の国学者塙保己一（1746-1821）が収集します。以後、逸文（失われた記事）については、六国史の記事を簡略化した『日本紀略』や『類聚国史』などから補充することでその復元が試みられます。復元されたものは、『新訂増補国史大系』（吉川弘文館、1961年）、『増補六国史』（全20巻、佐伯有義、朝日新聞社、1940年）、『訳註日本史料　日本後紀』（黒板伸夫・森田悌編、集英社、2003年）などで知ることができます。

私が使っているのは森田悌の全現代語訳『日本後紀』（講談社学術文庫、講談社）です。坂上田村麻呂の出征や阿弖流為と母礼が河内国の植山で斬殺される延暦21年8月13日の記事は、本書によって知ることができます。

5　坂上田村麻呂とアテルイ

◈坂上田村麻呂、征夷大将軍になる

　延暦12年（793）年7月25日天皇は「いま聞くところによると夷尓散
南公阿破蘇が遠方から朝廷の徳化を慕い、帰服の気持ちを抱いているとい
う。その忠義の真心を思うと、深く讃め称えるべきものがある。夷地から
京までの路次の国は、逞しい軍士300騎を選んで国境で京へ向かう阿破蘇
を迎接し、もっぱら威勢のほどを示せ」と勅します。

　10月1日陸奥国の俘囚である吉弥侯部真麻呂と大伴部宿奈麻呂を外従
下に叙します。11月3日陸奥の帰服したエミシである尓散南公阿破蘇と
宇漢米公隠賀および俘囚吉弥侯部荒嶋らを朝堂院で饗応します。阿破蘇と
隠賀には爵位の第一等を授け、荒嶋は従五位に叙します。11月28日出羽
国平鹿・最上・置賜3郡に居住するエミシに対し、田租を免除することに
します。

　延暦12年の桓武天皇793年2月17日征東使を征夷使に改めます。2月
21日征夷副使の近衛少将坂上田村麻呂が天皇に出征の挨拶をします。翌
延暦13年6月13日征夷副将軍坂上田村麻呂以下の者がエミシを征討しま
す。

　しかしながら坂上田村麻呂が陸奥国に出征して約1年4ヵ月の間に行わ
れたはずの肝心の征討の記事は『日本後紀』にはいっさい見当たりません。
いったいこれはどうしたわけでしょうか。同年の9月28日平安京への遷
都とエミシ征討の成功を祈願して諸国の名神に奉幣します。

◈延暦13年の平安京遷都

　延暦13年（794）10月28日征夷大将軍大伴弟麻呂が斬首457級、捕虜
150人、馬の捕獲85疋、焼落した村75処の戦果を挙げたと奏上します。
この日遷都（平安京）が行われます。

　天皇は「葛野の宮が営まれることになった土地は、山川も麗しく、四方

の百姓が参上するに際し、好都合である」と詔します。11月8日天皇は「この国は山と川が襟と帯のように配置し、自然の要害である。城の様相を呈している」と言って、新都を平安京と名付けます。

延暦14年（795）1月29日征夷大将軍大伴弟麻呂が天皇に節刀を返還します。5月10日、俘囚の外従五位下吉弥侯部真麻呂父子2人を殺害したことで、俘囚の大伴部阿弖良らの妻子・親族66人を日向の国へ配流します。8月7日陸奥鎮守将軍百済王俊哲が死去します。

同年11月3日出羽国が渤海国使呂定琳ら68人がエミシの地志理波村（秋田県能代あたり）に漂着して襲撃を受け、人・物共に失われたと報告します。朝廷は生存している人たちを越後国へ還し、規定に従い給養せよとの勅を下します。12月26日出征中の軍隊から逃亡した諸国の兵士340人に対して死罪を免し陸奥国に配置して永く柵戸とすることにします。

延暦15年（796）10月25日近衛少将従四位下の坂上田村麻呂が鎮守将軍を兼任します。11月2日陸奥国の伊治城と玉造塞との間は35里ほどあるので、急事に備えるため中間に駅家を置きます。

同年11月21日相模・武蔵・上総・常陸・上野・下野・出羽・越後の国の民9000人を移住させ、陸奥国の伊治城所属とします。延暦16年（797）年1月25日天皇は次のように勅します。

　　山城郡愛宕・葛野両郡では、人が死ぬと住宅地のかたわらに埋葬することが慣いとなっている。いま両郡共に平安京に近接しているので、汚穢を避けなければならない。国司・郡士に通知して禁止せよ。違反した場合は外国（畿外諸国）へ追放せよ。

❖蝦夷は野蛮な性格を改めず……
延暦17年（798）6月21日桓武天皇は次のように勅します。

　　相模・武蔵・常陸・上野・下野・出雲などに居住する帰順した夷俘は朝廷の恩沢のお蔭で生活している。特に慈しみ加え郷里に帰ろうと

する気持ちを起こさせないようにすべきである。そこで時服（夏冬の衣服）・禄物を毎年支給せよ。食糧が亡くなった時には、恵み与えよ。季節ごとの饗宴は国司に命じて行わせるとともに報告せよ。

　翌延暦18年2月21日陸奥国新田郡の百姓弓削部虎麻呂・妻丈部小広刀自女らを日向へ配流します。長らくエミシの居住地に住みつき、その言葉を習得し、しばしば妖言をもってエミシらを扇動したからです。
　同年3月8日出羽国の狩猟生活を主とするエミシである山夷への禄支給を停止し、山夷と農耕生活をおくる田夷とを問わず、功績のあるエミシへ禄を支給することにします。12月19日陸奥国が俘囚吉弥侯部黒田とその妻田苅女、吉弥侯部都保呂とその妻吉弥侯部都留志女らは野蛮な心を改めず、エミシの居住地に往来していると報告してきたので、身柄を拘束して太政官へ送らせ、土佐国へ配流することにします。
　延暦19年（800）3月1日出雲国介従五位下石川朝臣石川清主から次のような報告がありました。

　　俘囚らに対する冬の衣服の支給は、慣例によれば絹と麻布を交え賜うことになっていますが、私はこれまでの方式を改め、絹のみ支給しました。また、俘囚1人につき、1町の乗田（班田のときに余った田）を支給して、富裕な百姓に耕作させました。新来の俘囚60余人は寒い時期に遠方からやって来た者たちですから優遇する必要があり、それぞれに絹1疋・綿1屯を支給し、5、6日間隔で饗事と禄を賜い、毎月1日ごとに慰問しようと思います。また、百姓を動員して俘囚の畑地を耕作させようと思います。

　対して天皇は次のように勅します。「俘囚を慰撫することについては先に指示を行った。しかし、清主は指示の趣旨に反して饗事や賜物に出費が多く、また俘囚に支給した田の耕作のことで百姓に迷惑をかけている。これらはみな、朝廷の制度とすべきでない。また、エミシは性格が限りなく

貪欲であり、一度優遇した後それを変えると怨むことがあるから、今後は優遇することをしてはいけない」と。

同年5月21日陸奥国から次のように言ってきました。

> 帰順してきたエミシは城柵の守りにつき、陸奥の国庁へ出仕する女などで、しきりに労働に従っています。ところで野蛮な者を手なずける方法は威と徳にあります。もしエミシを優遇しなければ、朝廷の威厳を失うことになりましょう。いまエミシの食糧が不足していますので、伏して30町を国が営田して、その収穫をエミシが必要とする経費に充てることを要請します。

同年5月22日甲斐国が「移住したエミシは野蛮な性格を改めず、粗暴で懐かず、百姓と争い、婦人を勾引し、牛馬を奪って勝手に乗り回しています。朝廷の禁令がないと、このような暴力行為を取り締まることができません」と報告します。

これに対して天皇の勅は次の通りです。「エミシを夷地から離し、国内に居住させるのは、野蛮な生活を改め、教化に親しませるためである。エミシが野蛮な気持のまま、良民を損なうことがあってはならない。国司が懇ろに教えさとし、その上で改めなければ、法により処罰せよ。エミシを居住させている他の諸国も、同様にせよ」

※坂上田村麻呂、胆沢城築造

延暦20年（801）2月14日坂上田村麻呂に節刀が下賜されます。4月19日天皇は「三論宗と法相宗とでは教義をそれぞれ異にしており、両者の教えをあらかたわきまえる必要がある。そこで、今後は年齢が20歳以上の者を採ることを認め、試験の日には三論・法相両宗の違いについて答えさせ、受戒のときに再度の試問を行うことを廃止せよ」と勅します。

同年9月27日征夷大将軍坂上田村麻呂らが「服属しないエミシを討ち取りました」と報告します。10月28日坂上田村麻呂が参内を求められ、

節刀を返進します。11月7日天皇は「陸奥国のエミシらは以前の天皇の代から長期にわたり、辺境を侵犯して百姓を殺したり、奪うことを行ったきているので従四位上坂上田村麻呂大宿禰らを遣わして討ち平らげことにした」と詔をして、坂上田村麻呂に従三位を授与します。

胆沢城跡

　延暦21年（802）1月7日陸奥国の3神の神階を上げます。征夷将軍は霊験があったと奏上したからです。田村麻呂将軍の言う「陸奥国の3神」がどのような神がここではわかりません。同月8日征夷軍以下軍士以上の者に等級をつけて勲位を与えます。

　同月9日従三位坂上田村麻呂を遣わして陸奥国の胆沢城を築造させることにします。同月11日、天皇は「官軍が出撃して、支配領域を遠方まで広げた。駿河・甲斐・相模・武蔵・上総・下総・常陸・信濃・上野・下野等の国の浪人4000人を陸奥国の胆沢城に向け出立させ、柵戸とせよ」と勅します。13日越後国の米1万600石と佐渡国の塩120石を、毎年、出羽国の雄勝城に運び、城に詰める鎮兵の兵糧に充てることにします。

　同月13日天皇は次のように勅します。

　　いま聞くところによると、三論・法相の両宗はお互いに争い、両宗を学ぶ者はそれぞれ一宗のみを学び、他宗をすべて抑え退けるようなことをすれば、仏教は衰微することになろう。今後は、正月の最勝王経会と10月の維摩経会においては六宗の僧侶を呼び、それぞれの学業を広めるようにせよ。

◈アテルイとモレ、河内国植山で処刑される

　延暦21年（802）4月15日胆沢城使陸奥按察使従三位坂上田村麻呂ら

第5章　百済系渡来王朝とエミシ

が「夷大墓阿弖流為(以下、アテルイ)と磐具公母礼(以下、モレ)らが、500余人の仲間を率いて降伏しました」と言上します。

同年7月10日造陸奥国胆沢城坂上田村麻呂がアテルイとモレら2人を従えて帰京します。そして8月21日アテルイとモレらを斬刑とします。両人は陸奥国内の奥地である胆沢地方のエミシの首長です。

アテルイとモレの両人を斬刑に処する時、将軍坂上田村麻呂らが「今回はアテルイ・モレの希望を認めて郷里へ戻し、帰属しないエミシを招き懐かせようと思います」と申し出ましたが、公卿らは自分たちの見解に固執して「夷らは性格が野蛮で、約束を守ることがない。たまたま朝廷の威厳により捕まえた賊の長を、もし願いどおりに陸奥国の奥地へ帰せば、いわゆる虎を生かして災いをあとに残すのと同じである」と主張したので、ついにアテルイとモレは河内国の植山で斬刑に処されます。

ところでビックリするのは、『荒蝦夷』の著者熊谷達也はモレをアテルイの母とし、父を伊治公呰麻呂としていることです。アテルイの母モレには戦さを司る神(荒蝦夷)に仕える先代の巫女がいて、その姉のモレが政略結婚のかたちで妹モレを呰麻呂の2番目の妻とさせます。しかしアテルイの母はアテルイを生んですぐ亡くなります。

しかし呰麻呂と姉モレにはすでに約定があって、その約定には胆沢の将来を考慮して先代モレがアテルイを養い育てるという、いわば人質条件があったというのです。磐井においてはモレ(母礼)という名の戦の巫女に引き継がれるものであって、表向きは誰が立とうと戦を司る神に仕える巫女モレが本当の首領なのです。

とするとアテルイと一緒に処刑されたモレ(磐具公母礼)は巫女であって、処刑の時はすでに次のモレに首領の地位を譲っていたことになります。不思議な小説です。このことを坂上田村麻呂が知っていたのかどうかは確かめよう

アテルイとモレの首塚

151

がありません。

　※百済義慈王の子、豊璋と禅広（善光）

　アテルイとモレが斬られた植山は大阪府枚方市の宇山町周辺とされていますが、宇山の近くには百済王神社（大阪府枚方市中宮）が鎮座しています。百済王神社は延暦10年（791）に陸奥鎮守将軍になった百済王俊哲の祖先が祀られています。

　俊哲は天平11年（749）に東大寺造立に塗金料として黄金を献上した百済王敬福の孫です。エミシに包囲されてあわや殺されそうになったことのある俊哲は、エミシ征服のシンボルとしてアテルイを百済王の本拠地である植山で処刑することを強く望んだと思われます。というのは前にも述べましたように天智系天皇の桓武は百済王一族ときわめて近い関係にあったからです。

　桓武天皇が百済王の一族を優遇したことは『続紀』延暦2年（783）10月16日の次の記事からも明らかです。「天皇は詔し、百済寺（大阪府枚方市中宮西之町）に近江・播磨2国の正税各5000束を施入し、正五位上の百済王利善に従四位下を、従五位上の百済王武蔵に正五位下を、従五位下の百済王元徳・百済王玄鏡にそれぞれ従五位上を、従四位上の百済王明信に正四位下を、正六位上の百済王真善に従五位下を授けた」

　それは天皇家の始祖王が百済から渡来した王子昆支（百済蓋鹵王の弟）であり、天皇家は百済を出自としているからです。660年唐・新羅連合軍によって義慈王の百済は滅亡しました。天智天皇が百済救援軍を送って白村江で戦ったのも、天皇家の祖国は百済だったからです。

　義慈王には豊璋と禅広（禅光）という2人の王子がいますが、兄豊璋は白村江の戦いで敗れ高句麗に逃亡します。しかし高句麗は668年唐に滅ぼされ、その後高句麗王族とともに唐に連行された豊璋の行方はわかっていません。豊璋は650年前後（孝徳朝）、倭国に渡来しています。天智天皇が多臣蔣敷（太安万侶の祖父）の妹を豊璋に娶らせ、百済を再興するため本国百済に送ったことは『日本書紀』天智天皇7年（662）7月条に書か

れています。

　一方百済滅亡後、倭国に住んだ豊璋の弟禅広（禅光）は、『日本書紀』天智3年（664）3月条に「百済王禅光王等を以て難波に居たしむ」とあり、また同持統天皇5年（691）1月条に「食封100戸を与えられていた禅広に、さらに100戸を加増した」と書かれています。

◈百済王敬福、その孫俊哲

　渤海国人の日本海沿岸の来着と対エミシ38年侵略戦争とを結びつける説があります。つまり高句麗滅亡後の統一新羅に対する渤海人と倭国に亡命してきた百済王族の怨念と憎悪が互いに連帯感となって結びついているというのです。この説は渤海人と百済亡命王族の出自を夫余・高句麗系とする同族であることを考慮に入れるならば、かなり真実性があるように思えます。

　たしかにこの百済義慈王の末裔である敬福、その子俊哲はエミシ侵略戦争に多大な貢献をしています。敬福は天平神護2年（766）の『続日本紀』にその死を「薨自他」と記録されているように貴人扱いです。敬福は事実、刑部卿・従三位で亡くなっています。

　敬福の孫俊哲は対エミシ38年侵略戦争で征夷の総司令官として陸奥鎮守将軍まで昇格し、延暦10年（791）坂上田村麻呂とともに、第4次征夷のための兵員・武器点検を命じられて東海道を巡察し、そのまま征東大使大伴弟麻呂の下で征東副使となり、さらにそこから鎮守将軍に昇格しています。

　俊哲は桓武天皇の延暦14年（759）8月に死去していますが、『日本後紀』は「陸奥鎮守将軍百済王が死去」したとあるのみで、俊哲が何歳で亡くなったのか知ることができません。敬福と孫の俊哲は百済国王最期の義慈王の王子で日本に亡命した禅広（善光）を始祖する直系の氏族であったのです。

◈百済武寧王陵の墓誌

　渤海人と百済亡命王族の連帯感を俊哲ら百済王族末裔のエミシ戦争への積極的参加と、この時期の頻繁な渤海人の日本海沿岸来着との関係にみる説は確たる証拠となる史料はありませんが、『続日本紀』養老4年（720）の「渡島の津軽津司である従七位上の諸君鞍男ら6人を、靺鞨国（粛慎＝ミシハセ。満州に住んでいツングース系の狩猟民族）国に遣わして、その風俗を視察させた」という記事を根拠としています。

　また靺鞨国＝渤海国とみるならば、神亀4年（727）9月21日条の「渤海国郡王の使者、首領・高斉徳ら8人が出羽国に来着した。使いを遣わして慰問し、また時節に合った服装を支給された」という記事も養老4年の記事と関係があります。

　さらに多賀城碑の「去靺鞨国三千里」も当時の藤原朝獦の父にして最高権力者の藤原仲麻呂が倭国日本に対する靺鞨国をいかに強く意識していたか物語っています。

　光仁・桓武2代によるエミシ征服戦争は、461年倭国に渡来して崇神王朝倭王済の入婿となった百済王子昆支（応神天皇）の末裔によると考えればわかりやすいでしょう。事実、桓武天皇の母高野新笠は『新撰姓氏録』に「和朝臣、百済国都慕王18世の孫武寧王をより出でたり」とあるように、和氏の祖先は武寧王の子純太とされています。

　武寧王の存在が脚光を浴びたのは、1971年韓国の公州市にある武寧王陵から「寧東大将軍の百済の斯麻王は、年齢62歳癸卯年（523）の5月7日に崩御した」という意味の墓誌が発見されたからです。斯麻王とは武寧王のことです。

　武寧王が蓋鹵王の弟昆支の子であることは、石渡信一郎の研究によっても明らかです。このことによって日本最大の古墳応神陵に埋葬されている人物は百済の王子昆支であることや、応神陵の築造年代が500年前後であることもわかったのです。

第5章　百済系渡来王朝とエミシ

❄百済寺跡に立って

　対エミシ38年侵略戦争によって多くのエミシが戦争捕虜として連行されました。私はここで「多く」と言っていますが、その数は5万人を下ることはないと確信しています。というのも光仁・桓武天皇がこの戦争のため動員した兵力は23万9800人に数万人を足した数であることが『続日本紀』の記録から推定できるからです。

　清水寺（京都市東山区清水）は坂上田村麻呂がエミシ殺戮を懺悔した寺と伝えられています。私は15、6年前清水寺境内のアテルイとモレの記念碑を見てから枚方市に向かいました。清水寺の石碑は1994年（平成6）11月に建立された石碑であって、処刑地を記念したものではありません。

　枚方市宇山（植山）にアテルイとモレの銅像があったと伝えられていますが、残存はしていません。今は片埜神社（枚方市牧野坂2丁目）の境内が牧野公園となり、その公園の一角に片埜神社があります。アテルイの首塚は牧野公園の中央にあり、首塚の所在地牧野町ですが北側は宇山町で南側は淀川に合流する穂谷川を境に黄金町になります。公園は京阪線牧野駅から東にあるいて5、6分の距離です。

　アテルイの首塚から百済神社に行くためには牧野駅から2つ目の枚方市駅で降りてかから天野川の陸橋を渡り、イズミヤというスーパーの角を右折し、1つ目の信号を目印に左の路地に入ります（当時）。路地は狭い坂道になり学校にあたります。学校を左回りに迂回するとバス通りに出ます。バス通りを挟んで向かい側が百済王神社のある中宮西之町です。

　百済王神社に隣接する百済寺跡は発掘調査により南門・中門・食堂・講堂が四天王寺式伽藍配置の南北一直線の百済式寺院であることがわかりました。日本で一番古い飛鳥寺は回廊の中に塔を真ん中に左右に金堂、塔の北にもう1つの金堂、回廊南側の中心に中門、回廊の外側北に講堂がある伽藍配置です。ただし現在の飛鳥寺は塔の北のもう1つの金堂しか遺っていません。ちなみに法隆寺は南門・中門・回廊があって、回廊の中は東に金堂、西に塔があり、回廊の外側北に講堂があります。

　百済寺に隣接する百済王神社の境内の西側から天野川の陸橋が見えます。

155

この地は西に天野川、北に淀川、生駒山脈につながる甘南備丘陵を背後にして大坂難波方面を眺めることのできる高台になっています。京都から大阪に向かう新幹線の進行方向左側見える石清水八幡宮のある男山の西側一帯になります。

　社務所でもらった『由緒』には「14代応神天皇の世に、百済王が王仁を遣わして論語・千文字を献上した。33代推古天皇の御世、百済の阿佐王が来朝して聖徳太子に仏像・経典3600巻を貢献した。太子はその功績を喜び、阿佐王に交野に土地を与えた」と書かれていました。

第6章 "吾は日本の神となった"

1 大神清麻呂の解状

◈応神天皇霊の出現

八幡神の研究で大きな業績をあげた中野幡能は、八幡神こと応神天皇の霊が出現するもっとも古い史料は、弘仁12年（821）8月15日の太政官符に引用された弘仁6年（815）の大神清麻呂解状としています。

この史料は『東大寺要録』に収録されていますが、「弘仁12年官符」は『東大寺要録』をひくと「大符　大宰府　応令大神宇佐二氏　八幡大菩薩宮　事　右得大宰府解　検案内。得神主正八位下大神朝臣清麻呂等解状」とあります。

「解状」は下より上に達する文をいいますが、律令制のもとでは8省以下内外の諸官、すなわち京官・地方官が太政官および所官に上申する公文書のことです。「弘仁官符」から、正八位下の神主大神清麻呂が出した文書は大宰府の検査を受けた後、太政官に渡ったことがわかります。

弘仁12年というと、その翌年の2月11日嵯峨天皇が空海に命じ東大寺真言院を建立させ、国家鎮護のための無病息災の法を行わせています。そしてその翌々年の弘仁14年には嵯峨天皇は空海に東寺を与えています。弘仁12年当時、藤原冬嗣（775-826）は太政官トップの右大臣で年齢は48歳です。

冬嗣の長女順子は仁明天皇の女御となり文徳天皇を生み、男子の良房は娘明子を文徳の女御とさせ清和天皇の外祖父となっています。このように藤原4兄弟の次男にして北家の祖房前を父とする冬嗣は藤原氏の並びなき権勢家でした。ところで大神清麻呂の解状とは次のような内容です。

157

件大菩薩是亦太上天皇御霊也、即磯機島金刺宮御宇、天国排開広庭
　　天皇御世、於豊前国宇佐郡馬城嶺始現坐也、爾次大神朝臣比義歳次戊
　　子始建鷹居瀬屋社、而即奉祝孫夕宇、更改移建菱形小椋山社、即供其
　　祝築件

〈意訳〉：大菩薩品太天皇（応神天皇）の御霊が、欽明天皇の御世に宇佐
の馬城嶺（まきむね）に現れました。そこで大神比義は戊子（欽明天皇 29 年 =568 年）
鷹居瀬神社に祀りました。

　弘仁 6 年も弘仁 1 年も嵯峨天皇（在位 809-826）の治世ですが、弘仁 6
年（816）の右大臣は藤原園人（そのひと）です。しかし園人は弘仁 9 年に死去したの
で 2 年の空白をおいて弘仁 12 年から藤原冬嗣が右大臣に就きます。前に
も述べましたが、冬嗣の母は藤原内麻呂と飛鳥部奈止麻呂の娘百済永継の
間に生まれますが、後、冬嗣の母百済永継は後宮として桓武天皇との間に
皇子良岑安世（よしみねのやすよ）（785-830、最終官位大納言正三位右近衛大将）を生んでいま
す。

　嵯峨天皇の側近として厚い信頼をかちえた冬嗣は異例の昇進を遂げ、藤
原道長に至る北家隆盛の基礎を築きます。また冬嗣は『日本後紀』の編纂
事業にも取りかかります。したがって百済系氏族を厚遇した桓武天皇の子
嵯峨天皇のもとで、「応神天皇が現れた」という弘仁 6 年の「大神清麻呂
解状」が引用されるのは当然と言わなければなりません。

　ところで応神天皇の霊が現れた馬城嶺（まきむね）は御許山（おもと）とも呼ばれ、八幡社の東
南 5 km の山を指しています。中野幡能によると、『扶桑略記』（神武から堀
河天皇まで編年史。編纂者は延暦寺の学僧皇円か）などその他の縁起は応
神天皇の霊の出現は同じですが、出現の時期が欽明 32 年（571）です。欽
明 32 年は欽明天皇が死去し、任那が滅亡した年ですが、八幡神の出現と
任那滅亡の因果関係は定かではありません。

　宇佐八幡宮は JR 日豊本線（にっぽう）の大分県宇佐駅を下車して西に 3 km の南宇佐
に鎮座します。八幡宮の西側は駅館川（やっかん）が宇佐市の南北を貫流し、東岸は赤

塚古墳や免ヶ平古墳など前期前方後円墳が集中しています。「宇佐風土記の丘」として整備されたこれらの古墳群は現在一般市民に公開されています。

　赤塚古墳からは奈良県桜井市の茶臼山古墳や京都府椿井大塚山古墳の三角縁神獣鏡と同型の櫛目文帯四神四獣鏡が出土しています。宇佐八幡宮はかつて宇佐宮・八幡神大神宮・八幡宇佐宮・八幡三所大神・広幡八幡大神宮などと呼ばれましたが、明治6年（1873）6月宇佐神宮という呼称に定められました。

※大宰府を牛耳る藤原一門

　八幡神こと大菩薩誉田天皇のことについては『大神清麻呂解状』がもっとも古い史料と言われていますが、『大神清麻呂解状』に次いで仁明天皇承和11年（844）の『宇佐八幡宮弥勒寺建立縁起』（『承和縁起』）があります。それから140年経った円融・花山天皇永観2年（984）の『三宝絵詞』、そして嘉承元年（1106）から長承3年（1134）の間に成立したとされる『東大寺要録』巻4、そして比叡山の僧公円よる神武から堀河天皇までの僧伝・流記・寺院縁起を収録した寛治8年（1094）の『扶桑略記』などです。

　嘉承から長承というと天皇が鳥羽、院が白河法皇、摂政が藤原忠実の時代です。嘉承元年の前年は奥州平泉の藤原清衡が中尊寺を建立した年ですが、この時代、畿内は興福寺・延暦寺・園城寺・東大寺・春日社・日吉社・石清水八幡宮など寺社僧徒間の紛争が頻発し、天皇家と藤原氏の内部対立が激烈になりました。

　八幡の神は馬城嶺の頂上に居ましたが、後に山麓に下って菱形池近くの小椋宮に移ります。馬城嶺は御許山とも言います。馬城嶺の頂上には3つの巨石があり、この3つの巨石を神体とする信仰が原始の八幡信仰であったというのが通説です。

　八幡宮研究の大家宮地直一博士は、大神氏の宇佐における勢力の伸長は藤原氏の協力によるものと推測します。というのは『日本書紀』「神武紀」

に次のように書かれているからです。

　　　神武天皇は筑紫の国の菟狭に到着した。特に菟狭国造の祖がいた。名を菟狭津彦・菟狭津媛という。その者が菟狭津川の川上に騰宮（あがりのみや）を造って、御馳走を差し上げた。この時、天皇は勅（みことのり）して菟狭津媛を従臣の天種子命（あまのたねこのみこと）に娶（めあわ）せた。天種子命は中臣の遠祖である。

　この神の出現についてのおおよその史料は欽明天皇 32 年に共通しています。しかし宮地直一は欽明朝とすると天平年間（729-766）までの 150 年、八幡神が国史に表れないのはなぜかと、疑問を呈します。では、宮地直一がいう国史、いわゆる正史に初めて八幡神が登場したのはいつ、誰の時代を指しているのでしょうか。

　『続日本紀』の聖武天皇の天平 9 年（737）4 月 1 日条に、「使者を伊勢神宮・大神（おおみわ）神社・筑紫の住吉・八幡の 2 社および香椎宮（かしいのみや）に幣帛（みてぐら）を祀り、新羅国の無礼のことを報告した」とあります。

　伊勢神宮はいうまでもなく、大神神社は奈良県桜井市の三輪山山麓に鎮座するオオモノヌシを祀る神社です。香椎宮は神功を后とする仲哀天皇を祀る福岡市東区家香椎にある神社です。5 つの大社のうち 3 つが北九州地区の神社が占めています。

　「新羅国の無礼」というのは、当時、日本海沿岸は渤海国からの多くの漂着によってすこぶる緊張関係にあり、日本の朝廷は新羅を敵視していました。そもそも渤海国は 667 年に唐・新羅軍に滅ばされた高句麗の遺民が建国した国です。

　738 年渤海国王第 2 代大武芸が死去しているので、唐・新羅・渤海国・日本の間で外交上のトラブルが頻発していました。日本海沿岸北部を拠点とする秋田城から北九州沿岸にかけての防備は、朝廷にとって必要不可欠だったのです。

　宮地直一はこの時期の天皇と藤原氏の関係を『八幡宮の研究』でいみじくも指摘しています。その指摘にそって八幡神のおかれた状況を素描して

みます。宮地直一は、八幡神の躍進は大宰府のおける藤原一門による崇拝を主因としています。

天平3年（731）9月、藤原武智麻呂（藤原不比等の長男）は大納言として大宰師（大宰府の長官）を兼務します。しかも宇佐八幡宮が初めて官幣（国家の神社）となったのは、武智麻呂が大宰師になった年です。

※宇佐は藤原氏の発生の地

天種子命は藤原氏の祭神である天児屋根命を連想させます。アマノコヤネはアマテラスを天岩戸から導き出し、皇孫ホノニニギと一緒に降臨した五部神の1つで、藤原氏の祖神です。宮地直一は、菟狭津媛と天種子命の関係から中臣氏が外戚を通して豊筑に移住してきたと推測します。

事実、大宝2年（702）の筑前国島郡の戸籍に中臣部・占部の氏が多く、同年豊前国仲津郡の戸籍にも中臣部の名があります。大宰府は天平3年武智麻呂が大宰師に任じられたのを始めとして、宇合・広嗣等が相次いでその要職に付き、橘諸兄が天平18年大宰師になったことがありますが、同20年以降、広嗣の乱までは藤原一門が鎮西の要職を独占しました。しかしこれももとを質せば、宇佐は藤原氏の発祥の地であったからです。

藤原氏はこの宇佐神を利用して自己の権益を拡張し、大神氏も藤原一大勢力と結んで自己の拡張を図ったと宮地直一は考察します。孝謙天皇の天平勝宝2年（750）3月12日の『続日本紀』は、正五位上の多治比真人国人と藤原朝臣乙麻呂をそれぞれ大宰少弐に任じたと伝えていますが、乙麻呂は武智麻呂の三男で、兄の豊成、次男の仲麻呂を兄弟にもつ長子豊成は右大臣になったばかりです。

この年の10月1日孝謙天皇は宇佐八幡の教示として乙麻呂を正五位上から従三位下に昇格させ、乙麻呂を大宰師に任じます。宮地直一は「このように藤原氏が神語に託して恣にその欲する所を行えるを見れば、大神氏と藤原氏の提携は甚だ深く、藤原氏は早くよりこの神を利用して大宰府における便利を増進せんとせしこと推してしるべし」と藤原氏の絶大なる影響力を見逃してはいません。

2　加羅系日神と百済系日神

◈神々の交替

　託宣集や縁起が史実を反映していることは石渡信一郎の『日本古代王朝の成立と百済』（私家版、1988）から判明しています。山頂近くの巨石を磐座とし、山そのものを神体として日神を祀ることで、御許山は大和の三輪山に似ています。

　三輪山の神は加羅系渡来集団の日神であった天照御魂神（アマテル）が、百済系の日神に交替させられ、御許山の神も百済系の日神が加羅系日神の比売神に代わって主神になったのです。

　百済系日神は昆支の霊、すなわちオオモノヌシです。加羅系崇神王朝の宇佐氏によって祀られていた神に代わって昆支の霊が祀られたのは6世紀後半です。宇佐八幡宮の神職であった辛嶋氏は秦氏系氏族です。

　また辛嶋氏より上位の神職であった大神氏は百済系の三輪君氏、すなわち大神氏・大三輪氏の氏族です。宇佐氏が加羅系氏族であるとすれば、藤原氏も第1次渡来集団の加羅系祭司氏族であったはずです。

　宇佐八幡宮にある豊前国には秦氏系住民が多く住んでいました。6世紀中頃宇佐に移住した辛嶋氏は、中央から派遣された大神氏とともに昆支の霊を日神として、宇佐氏が祀っていた日神比売神と合祀したのです。

　比売神は『日本書紀』垂仁天皇2年の都奴我阿羅斯等伝説に登場する乙女のことです。大加羅の王子阿羅斯等は黄牛のかわりに手に入れた白い石は美しい乙女になります。

　　阿羅斯等は大いに喜んで交合しようとした。ところが、阿羅斯等が外出している間に乙女はたちまち失せてしまった。阿羅斯等はたいそう驚いて、自分の妻に「乙女は、どこにいってしまったか」と尋ねた。妻は、「東の方へ向かって行きました」と答えた。そこで探し追い求

めた。そしてついに遠く海を越えて日本国にやって来た。探し求めた乙女は、難波に来て比売語曾社の神となり、また豊国の国前郡に来て、やはり比売語曾社の神となった。共にこの2ヵ所に祀られたという。

❖阿加流比売と下照姫

難波の比売語曾神社は、JR大阪環状線の鶴橋駅で降りて北に200mの東成区東小橋3丁目に鎮座します。もとは天王寺区子小橋町にありました。一方の国前郡の比売語曾社は、現在の大分県国東郡姫島村に祀られています。

国東半島の最北端の国見町伊美港からフェリーで姫島に渡り、姫島港から徒歩で島を東北に向かって4kmほど縦断すると周防灘を一望できる岸壁の下に比売語曾社は鎮座しています。

比売語曽神社の案内板（大分県国東郡姫島村両瀬）

『古事記』応神天皇記には阿羅斯等の代わりに天之日矛が登場します。乙女の名は阿加流比売と言います。新羅の沼のほとりで昼寝をしていた女の陰部に日光が射して女は赤玉を生みます。女から赤玉を手に入れた男は、天之日矛にとがめられて赤玉と交換に許してもらいます。赤玉は美女に変じて天之日矛の妻となりますが、女は天之日矛を嫌って日本に渡り、難波で比売語曾社の阿加流比売の神となります。

アカルヒメは『延喜式』の四時祭式・臨時祭では下照姫です。『延喜式』は905年醍醐天皇の時に編纂を開始して967年から施行された50巻の養老律令の施行規則です。下照姫については『日本書紀』神代下に次のような不思議な記事があります。

タカムスビ神によって葦原中国に派遣されたアメノワカヒコは、オオクニヌシの娘下照姫を娶って、「私も葦原中国を統治しようと」と

言って、そのまま葦原中国に住みついてしまった。

　アメノワカヒコが派遣されたのは、前に派遣されたアマノホヒがオオナムチに媚びて帰還しなかったからである。タカムスビは不審に思い、名なしの雉に様子を伺わせた。雉はアメノワカヒコの門前の杜木の梢に止まった。するとアマノサグメが目ざとく見つけ、アメノワカヒコに報告した。

　アメノワカヒコは天羽羽矢と取って雉を射殺した。その矢は雉の胸を深く貫き通して、タカムスビの前に届いた。タカムスビは「この矢は昔、アメノワカヒコに授けた矢である。血がついているのを見ると、国神と戦ったのだろうか」と言った。そしてその矢を、下界に投げ返した。矢は落下してそのままアメノワカヒコの胸に命中した。

　その時、アメノワカヒコは新嘗の祭事をしているところであった。妻の下照姫は大声で嘆き悲しみ、その声は天に届いた。この時、アメノワカヒコの父アマツクニタマはアメノワカヒコがすでに死んだことを知り、すぐに疾風を遣わして、アメノワカヒコの遺体を運ばせ、喪屋を造って殯を行った。

　この後、タカムスビは神々を召集して、フツヌシとタケミカヅチを派遣します。フツヌシもタケミカヅチも藤原氏が祭神とする武の神です。タケミカヅチは鹿嶋神宮の主神であり、フツヌシは香取神宮の祭神ですが、この2神は利根川を挟んでセットになった武神です。

　2神は出雲の五十田狭の小汀に降り下り、十握剣を抜いてオオナムチに国を譲るように強要します。この結果、タカムスビはホノニニギを降臨させることに成功するのです。ホノニニギが真床追衾にくるまって降臨する話は、いわゆる「皇孫降臨神話」として有名です。

※加羅系渡来集団の始祖神

　石渡信一郎は「下照姫」について次のように解釈します。氏によれば比売語曾神社の祭神は下照比売とされているが、この「下照」の下は、押と

同じように「下・南・前」を意味する古代朝鮮語に由来します。「下照」は難波にかかる枕詞「押し照る」と同じ意味だからです。下照比売は「押し照る難波の姫」を意味し、難波すなわち南加羅の神となります。

「下照る」は、「太陽が照りつける」の意味ですから、下照比売は南加羅の太陽の女神・女性の日神です。下照比売や『古事記』のアカルヒメは、南加羅を出自とする加羅系渡来集団の始祖神です。崇神王朝の始祖神は崇神ですからアカルヒメは『記紀』によって男神から女神に変身させられたのです。

このよう考えると、神話の謎も解けます。すでに述べたように宇佐八幡宮の祭神は西から八幡大神、比咩神（比売神）、大帯姫となっていますが、石清水八幡宮は西に比売神、中央は八幡神、東は大帯姫です。

『八幡宮の研究』で宮地直一博士は「三座並立の神社で中央を首座とするのは一般神社の通例だが、宇佐の場合は初めに八幡神一座であったのが、比咩神の出現におよんでこれと東におき、さらにその後、大帯姫を加えたからだろう。ただ、その西を上として次第に東に下るのは、一般座次の順序に反するが、石清水がこの点において宇佐と異なるのは、これら歴史的順序に重きを置くことなくしてただ一般の例に従って、中央を上座と定めたのだろうか」と結論を出すのに躊躇しています。

3　変身する八幡神

◈比咩神論争

それでは従来から論争の多い比咩神とはどんな神なのか、諸説を整理してみましょう。まず柳田国男の玉依姫説です。柳田は「玉依姫考」で巫女シャーマン説を展開して、戦後大きな影響力をもちました。

『記紀』によると玉依姫は豊玉姫の妹です。姉の豊玉姫は火遠理命と結ばれ、火遠理命は妻が禁止したにもかかわらず、豊玉姫の出産を見てしまいました。豊玉姫は大きな鰐となって這いのたまわっているのです。豊玉

姫はその自分の姿を見られたことを恥かしく思い、生んだ子を残して海神の国に帰ってしまいました。

豊玉姫が生んだ子は鵜草葺不合命ですが、妹の玉依姫にその養育を委託します。鵜草葺不合命はその養母の鵜草葺不合命と結婚します。生んだ子は五瀬命、稲氷命、若御毛沼命で、別名神倭伊波礼毘古です。

神倭伊波礼毘古は神武天皇のことです。また鰐となって海に帰った豊玉姫と結ばれた火遠理命は木花開耶姫と火瓊瓊杵尊との間に生まれ、火瓊瓊杵尊は天忍日命の子で、天忍日命は天照大御神を母にもちます。

その他、比咩神説は宗像3神説、応神天皇伯母説、応神天皇の后説、下照比売説、応神天皇皇女説、伴信友の大帯姫説などです。宗像3神は生まれた順番にあげると、沖ノ島沖津宮の多紀理毘売命、大島中津宮の市寸島比売命、別名狭依毘売、田島辺津宮の多岐比売命です。これら3神はアマテラスがスサノオとの誓約で生んだ子ですが、スサノオの物実から生まれたのでスサノオの子とされています。

◈春日神社の総本山興福寺

宮地直一博士は春日神社・枚岡神社・平野神社の比売神と八幡神社の比咩神は同じ応神の后神であるとしました。春日・枚岡・平野の3社はいずれも藤原氏が祀る神社です。奈良興福寺の東の位置する春日大社は全国の春日神社の総本山です。春日神社はタケミカヅチとフツヌシとアマノコヤネと比売神の4神を祭神としています。大阪府東大阪市出雲井町に鎮座する枚岡神社の祭神も春日大社と同じです。

社伝では天種子命は、天皇の命で祖神のアマノコヤネを祀ったことに始まるとされます。京都市北区の平野神社の祭神は、第1殿が今木神、第2殿が染職・手芸・衣の神の久度神、第3殿が竈・台所・食事の神、古開神、そして第4殿が比売神です。第1殿の今木神は「今来」が元の意味で、百済から渡来した人を指しています。

大帯姫は神功皇后にあてられるのが常識ですが、大帯姫が祀られたのは八幡神が応神天皇であることが広く知られるようになる弘仁14年（823）

前後であることが判明しています。

　柳田国男は大正6年3月の『郷土研究』に発表した「玉依姫考」で、比売神は八幡と称する王子神の御母すなわち天神の御妻と信じて祀りはじめたもので、巫女の開祖であるとします。中野幡能は柳田説にもとづき、比咩神は八幡神に奉仕して託宣にあたる女神に違いないと考えます。

※八幡神の呼び名

　ところで、肝心の八幡神の呼び名については、栗田寛の地名説、宮地直一の「千幡、高幡」の幡を神の依代と見る説が代表的です。依代とは樹木・岩石・人形に神霊が宿ることです。ほかに肥後和男の「多くのハタ」説、西郷信綱の灌頂幡（金銅や布で作った長く垂らした細長い幡）の「仏法の幡」説があります。ちなみに灌頂幡の実物は東京国立博物館の法隆寺献納宝物（法隆寺宝物館）でご覧になれます。

　しかし八幡の語義については、石渡信一郎の「八幡神は最初からヤハタと訓まれていた」という考察は画期的です。西郷信綱が「八幡神が平安の初期まで一度も宇佐と地名を冠していなかった」と指摘しているように、石渡信一郎はヤハタが小地名ではないとみています。

　したがって石渡信一郎は、ヤハタは国名大東加羅のカスカラが語の本来の音が訛って変わったものと考えました。大東加羅の「カス」がカツに、カツからカチへ、カチからハチへと変化します。そして大東加羅の「カラ」はハラ、ハラからハタに変わります。このように「カスカラ」が「ハチハタ」に変化して、その「ハチハタ」を「八幡」と表記しているうちに「八」をヤと訓むようになり、ヤハタとなったのです。この石渡信一郎の考察は大東加羅の元の意味が分らなければ理解できません。

　百済系倭国王朝の始祖王昆支は、建国の神として「カスカラの神」と呼ばれていましたが、後に「ヤハタの神」、すなわち八幡神となったのです。しかし中大兄と藤原鎌足の乙巳（645年）のクーデターによる大王蝦夷・入鹿殺害以降、三輪山の皇祖神オオモノヌシ（応神、昆支＝倭王武）は日神の地位を失います。

宇佐に祀られていた八幡神も、新しい皇祖神アマテラスの守護神として仕えるようになったのです。聖武天皇が建立した東大寺廬舎那仏舎は密教の大日如来ですが、大日如来はアマテラスに変身します。

4　僧行教と石清水八幡宮

◈摂政藤原義房

円融天皇の第1子で母が藤原兼家の女子詮子である一条天皇は、寛和2年（986）、突然出家した花山天皇の跡を継いで7歳で即位します。一条天皇は祖父の兼家と叔父の道隆・道兼・道長を摂政関白として31年間の王朝文化に花を咲かせます。

この親子4人による藤原兼家一族は、藤原不比等を父にもつ藤原4兄弟の次男房前を祖とする北家の系譜です。

兼家の父は師輔、その父が忠平、その父は基経、その父が良房です。良房の時世に初めて摂政制度が確立されます。摂政とは天皇の代わりに政務を行うことですから、幼年の天皇に対する外戚の影響力が格別大きくなります。この良房の父は嵯峨天皇に仕えた藤原冬嗣です。

冬嗣の父は内麻呂、内麻呂の父は真盾、真盾の父は藤原4兄弟の次男房前です。良房は淳和・仁明天皇の天長から承和年間にかけて参議・権中納言を経て陸奥按察使、右近衛大将に昇進します。嵯峨天皇の皇女源潔姫を妻とし、皇太子正良親王（後の仁明天皇）の妃となる順子を妹にもつ良房の出世はまさに順風満々です。

良房が天安元年（858）に太政大臣に昇格し、その翌年に孫の惟仁親王が清和天皇として即位します。そして僧行教によって宇佐八幡宮が石清水男山に勧請されたのは清和天皇が即位する翌年の貞観元年（859）8月です。良房がさらに摂政となるのは太政大臣になった9年後の貞観8年（866）8月19日です。

※石清水八幡宮の功労者僧行教

ところでここで宇佐から男山に八幡宮を勧請した僧行教が学んだという大安寺と、その大安寺と僧行教は蘇我王朝3代の馬子・蝦夷・入鹿と無縁ではなかったことを述べておこうと思います。

僧行教の出家前の半生は謎に包まれていますが、父は山城守紀魚弼であることがわかっています。行教は大安寺で法相・三論・密教を学び、最澄の師行表に師事したとも言われ、天安2年（858）真雅（空海の弟）の推挙によって清和天皇即位を祈祷するため宇佐八幡に派遣されます。

そのあとまもなく清和天皇の即位が実現したので、あらためて行教は宇佐八幡への90日間参籠によって神託を受けます。そして貞観2年（860）宇佐神宮から京都男山の護国寺に八幡大菩薩を勧請して石清水八幡宮が創建され、その業績によって行教は貞観5年（863）に伝灯大法師に任じられます。

『今昔物語』（平安時代末期成立）の巻12「於石清水行放生会話第十」には次のように行教が登場します。

　　今昔、八幡大菩薩、前生に此の国の帝王と御ける時、蝦□□□（何字か不明）軍を引将て自らを出立せ給いけるに、多くの人の命を殺さ給いける□□□（何字か不明）。初め大隅の国に八幡大菩薩と現れ在して、次には宇佐の宮に遷ら給う。（略）

　　昔、大菩薩、宇佐の宮に御ける時、大安寺の僧行教と云う人、彼の宮に参りて候ひけるに、大菩薩示し給はく、「我れ、王城を護らんが為に親しく遷らんむと思ふ。而しるに、汝に具して行かんむと思ふ」と。

　　行教、此れを聞いて、謹むで礼拝して承りけるに、忽ちに行教の着たる衣に金色の三尊の御姿に遷り付かせ御ましてなむ御ける。然れば、行教、大安寺の房に将て安置し奉て、恭敬供養し奉る事無限し。然れば、其れよりなむ石清水の宮には遷らせ給ひける。（略）。

※吉備池廃寺は大王蝦夷の伽藍

　大安寺（奈良市大安寺 2 丁目）は、もともと大和郡山市の南端、大和川と佐保川の合流地点の聖徳太子が建立したという熊凝精舎（大和郡山市額田部寺町の額安寺）が高市大寺（明日香村大字小山）→大官大寺（高市大寺と同じ地）→大安寺へと変遷した寺と言われています。

　「大安寺伽藍縁起流記資材帳」（747 年成立）によれば、病床の聖徳太子は見舞いに来た田村皇子（後の舒明天皇）に熊凝精舎を本格的な寺にすべきことを告げ、太子の意思を受けた田村皇子が、即位後の舒明天皇 11 年（639）百済川のほとりに建てたのが百済大寺（『日本書紀』にも記載）といいます。

　しかし熊凝精舎付近にはそれを裏付けるような考古学的資料が見つからず、その実在が疑われています。一方の百済大寺ですが、奈良県北葛城郡広陵町に百済寺という寺が現存するものの、舒明天皇との関連が明確でなく、付近に天皇建立の寺院らしき寺跡も発見されていません。

　ところが 1997 年（平成 9）奈良県国立文化財研究所（略称、奈文研）は奈良県桜井市の南西部（藤原宮の東方）にある吉備池廃寺跡と推定されるとの見解を発表しました。発掘調査の結果、吉備池廃寺は東の金堂、西に塔が建つ法隆寺式伽藍配置であることが明らかになり、発掘された百済大寺に該当する可能性が高いとみられています。

　しかし奈文研の発表には大きな問題があります。1 つは聖徳太子は大王蘇我馬子（用明天皇）の分身として創られた人物であること、もう 1 つは舒明・皇極天皇（天智・天武の父母）は即位しておらず、当時の大王は馬子の子蝦夷・入鹿であったことです。

　であれば吉備池廃寺は舒明天皇ではなく、大王蝦夷が作った大伽藍であった確率が高いということです。その巨大な伽藍造成中（未完成）に乙巳クーデター（645 年）が起こり、蝦夷・入鹿が殺害されます。後、天武天皇の代にその七重塔の礎石が抜きとられ大官大寺の礎石として一時使われたという説があります。

第6章　"吾は日本の神となった"

❖紀氏の没落

さて次に「紀氏が応天門以後没落した」とする『謎の画像鏡と紀氏』（日根輝巳著）の内容を紹介したいと思います。事件は藤原良房（804-872）が摂政の地位についた貞観8年（866）の9月22日のことです。天皇は清和、良房が摂政兼太政大臣、左大臣源信（嵯峨天皇の七男）、右大臣藤原良相（冬嗣の五男）の時です。日根輝巳によれば石清水八幡宮と隅田八幡神社（和歌山県橋本市隅田町垂井。隅田八幡鏡が伝来）の関係は次の通りです（なお、詳細は隅田八幡神社に伝来した「癸未年鏡」については拙著『隅田八幡鏡』をご覧ください）。

　　応天門の変は今日では藤原氏の陰謀によるものだということになっていますが、当時は紀夏井はじめ藤原氏と対立する豪族の仕業ということにされて、紀氏らは没落します。石清水八幡宮の建立からわずか8年の間に時代は急変します。「豪族の時代」は終わりをつげ藤原氏専横の摂関時代に入ります。

　　このような流れから見てみると、隅田がかつて紀氏の本拠の1つだったとしても、隅田八幡神社が紀氏の手で建立されたとは考えられません。応天門の変で紀氏を追い落とした藤原氏は、神官としての紀氏は認めたけれど石清水八幡宮を手中にし、この時隅田は藤原氏のものとなったと考えられます。

　　そして永延元年（987）の藤原兼家（927-990）による御願三昧洞の建立と、隅田の地の石清水八幡宮への寄進となり、そのあとで同宮を本宮とする隅田八幡神社が建立されたと考えるのが妥当だと思うのです。荘園としては石清水八幡宮領となりましたが、所領は藤原氏にあったことは、隅田八幡神社を中心として結束した地元武士集団・隅田党の頭領が藤原氏だったのです。

❖隅田党と藤原忠延

『紀伊国名所図会』（1812-1851成立）に「鳥羽天皇の保安年中、隅田党

171

の藤原忠延という人をして当社の別当職に補せられ、その裔連綿として
この職に任ぜられき」とありますが、「鳥羽天皇の保安年中」というのは、
鳥羽天皇の保安元年（1120）から保安4年（1123）までの4年間をいいま
す。

　しかしこの時期は白河院政の時で保安元年11月は関白藤原忠実が白河
法皇の命じる娘泰子の入内を辞退しながら、鳥羽天皇に求められて承諾し
たので法皇はこれに激怒して忠実の内覧を停止します。

　翌年1月忠実は息子の忠通に関白を譲ることになります。腹に据えかね
た忠実は氏長者の地位を長男の忠通から次男の頼長に与えます。藤原氏内
部は大きく2つに割れ、保元の乱、平治の乱、源平合戦へと発展します。

　当時、荘園・所領をめぐる寺社同士、国司と僧徒間の猛烈なる争闘が頻
発し、それを鎮圧するための武士団が力を増しました。天治2年（1127）
10月白河法皇と鳥羽上皇は高野詣に出立し、11月4日に高野御塔を2基
供養しています。またその翌年10月白河法皇と鳥羽上皇は石清水八幡宮
に行幸し、一切経を供養しています。

　またこの頃、興福寺・延暦寺・東大寺・石清水八幡宮間の僧徒、神人ら
の争闘が頻発します。おそらく隅田八幡神社の別当職に任じられた藤村忠
延は、関白藤原忠実の配下の下級貴族であった可能性があり、藤原氏の氏
寺である興福寺が隅田八幡神社に近いことからも興福寺から派遣されたと
いうことも考えられます。

　『和歌山県史　中世1』（隅田家文書・葛原文書）によると、「元永元年
（1118）10月8日付隅田八幡宮俗別当職補任符案によれば、石清水八幡宮
政所の符によって長（藤原）忠延が俗別当之職に補任され、元来長氏を称
していた藤原忠延は隅田氏の祖といわれ、以後、この俗別当職と公文書は
両職として隅田氏が世襲して隅田荘の荘官とともに当社の祭祀権を独占し
ていった」とあります。

　日根輝巳は、隅田八幡神社に宮の壇と呼ばれる台地（古墳）があること
から、藤原氏が隅田八幡宮をつくるために古墳をつぶしてしまったのでは
ないかとし、「隅田八幡宮に最初から隅田八幡画像鏡があったのは、この

ケースと先に寺院があって廃寺となったあと隅田八幡神社が保管したケースしか考えられない」と推測しています。

※応天門の変とその前後

応天門の変による紀氏の没落については、日根輝巳の『謎の画像鏡と紀氏』では、いまひとつ物足りないので応天門の変の前に起きた承和の変について述べ、紀氏周辺の人物を明らかにしようと思います。

清和天皇の貞観8年（866）閏3月10日夜、朝堂院の正門である応天門が炎上しました。平安京宮には大内裏と内裏ありますが、朝堂院はその大内裏の正面に位置する一郭で大極殿、朝堂、朝集殿の3種の殿舎からなります。

応天門はその朝堂院に向かう中央の門のことです。応天門の外郭のちょうど真南に朱雀門があります。当時、左大臣は源信、右大臣が良房の長子藤原良相です。

鎌倉時代成立の『宇治拾遺物語』によると、大納言伴善男が左大臣源信（810-869、嵯峨天皇の七男）を放火の犯人として訴えますが、これを聞いた太政大臣良房はその訴えを天皇にとりついだので源信は事なきをえたとあります。この事件は『伴大納言絵巻』として現在市販の本で見ることができまます。

ところが事件から5ヵ月経った8月3日、備中権史生大宅鷹取という者が、善男が放火の犯人であると申し出ます。尋問の結果、源信を陥れるため善男がその子の中庸らに命じて放火させたものと判明します。

伴善男は伊豆、息子の中庸は隠岐に流され、2年後善男はその地で没します。父国道の五男の善男は事件が起きた時は55歳です。善男は良房らと『続日本後紀』の編纂に携わった知的エリートです。

大納言に昇進したのは大伴氏のなかで大伴旅人以来です。大伴氏が大伴をさけて「伴氏」と改姓したのは、嵯峨天皇の弘仁14年（823）のことです。桓武天皇の子淳和天皇が皇子時代に大伴皇子を名乗ったからです。大伴家持の冤罪事件についてはすでに述べましたのでここでは省略します。

※承和の変と紀氏

　ところで大納言伴善男から放火の犯人とされた源信は、嵯峨天皇を父とする皇子女50人のなかの1人ですが、源氏姓を与えられて臣籍に下ったいわゆる賜姓源氏です。嵯峨天皇の弘仁5年（814）卑姓の母に生まれた皇子・皇女32人に初めて源姓が与えられます。

　嵯峨源氏流の中で左大臣になった源融がもっとも有名で、紫式部の『源氏物語』の主人公光源氏の実在のモデルとされる人物です。また女子では源潔姫（嵯峨天皇皇女）は藤原良房の妻となり明子を生み、皇子道康こと文徳天皇に嫁がせ清和天皇の祖母となります。

　大納言伴善男父子のほかに流罪になったのは、安房国の紀豊城、壱岐国の伴秋実、佐渡国の伴清縄です。紀夏井は異母弟の紀豊城が首謀者の1人として逮捕されたので、土佐国に配流されます。紀夏井の父紀善峰は征東大使紀古佐美を曾祖父に持ちます。

　しかし紀氏の没落はむしろ「応天門の変」の24年前の仁明天皇承和9年（842）に起きたといってよいでしょう。これも藤原氏の陰謀によるものです。嵯峨上皇が亡くなった2日後のことです。平城天皇の皇子阿保親王から亡き嵯峨天皇の皇后橘嘉智子に1通の密書が届きます。

　それによると、春宮坊帯刀伴健岑、但馬橘逸勢らが皇太子恒貞を奉じて東国に赴き、謀反を画策したというもので、阿保親王はその計画に組するように求められたのです。

　皇太后嘉智子は密書を良房に見せ、良房は仁明天皇に報告します。恒貞親王は淳和天皇を父に仁明天皇の妹正子内親王を母にもちます。仁明と順子の皇子道康こと文徳天皇とは皇位継承におけるライバル関係です。

　事件の推移からも皇后嘉智子の意思は、仁明直系の道康に皇位を継承することです。伴健岑らは即座に逮捕され、皇太子の恒貞は廃太子とされました。首謀者の伴健岑は隠岐に、橘逸勢は非人の姓を与えられて伊豆に流されます。そして新しい皇太子道康（文徳）が決定したのです。

　もう1つの事件は承和11年（844）に起きます。皇太子時代の道康こと

第6章 "吾は日本の神となった"

文徳天皇には紀名虎の娘の静子との間に生まれた第1皇子の惟喬親王がいました。一方、文徳天皇が即位直後、良房の娘明子との間に生まれた第4皇子惟人（清和天皇）は、兄3人を超えて生後8ヵ月で皇太子に立てられます。

『三代実録』の「走り超えて、騰がり躍り超えて、我が護る田にや、捜あさり食む志岐や、雄々し志岐や」という童謡は、惟仁親王の祖父良房に対する風刺ですが、やっかみと感歎の入り混じった調子に聞こえないでもありません。

※清和天皇の外戚藤原良房

惟仁こと清和天皇の立太子の際、良房は真言僧真雅（空海の弟）に修法させ、惟喬親王の祖父名虎は僧真済（空海の十大弟子の1人）に加持祈祷をさせます。両者は相撲をとって勝負をつけたといいます。良房が僧真雅に修法をさせた話を除いてフィクションでしょう。

ちなみに惟喬親王と惟仁親王の年齢差は6歳です。失意の惟喬は紀有恒や在原業平とともに交野の渚の院に遊行したといいます。「渚の院跡」は京阪電車御殿山駅から徒歩10分のところにあります。

「渚の院」のある大阪交野市一帯は、かつて桓武天皇が鷹狩をした野です。百済王禅広を祖とする陸奥守百済王敬福や陸奥鎮守将軍百済王俊哲ら百済王族の末裔たちが居住した地です。

坂上田村麻呂に連行されたアテルイとモレもこの地で処刑されています。桓武天皇の皇女伊都内親王を母に平城天皇の皇子阿保親王を父にもつ在原業平はこの地になじみの別荘をもっていました。

平城天皇の孫の業平は臣籍降下によって兄行平ととも在原氏を名乗っていました。惟喬の母で紀名虎の娘の静子には有常、種子の兄弟姉妹がいましたが、業平はこの有常の娘を妻としていたので、惟喬親王と業平は従兄弟同士で紀氏とつながりがあります。『伊勢物語』82段には惟喬親王一行が交野ヶ原に遊猟にきたものの、酒宴に興じ、ただ桜を見て歌を詠むばかりでした。

175

世の中のたえて桜のなかりせば
　　春の心はのどけからまし

業平の歌に応じて惟喬親王の伯父紀有常は次のように歌います。

散ればこそいとど桜はめでたけれ
　　うき世になにか久かるべき

◈桓武天皇の系譜

　平城・嵯峨・淳和天皇が父とし、仁明天皇・伊都内親王・阿保親王・源信・源潔姫・文徳・恒貞親王・明子らが祖父とし、惟喬・清和天皇・業平らが曾祖父とする桓武天皇は天智天皇以来、初めての天智系最初の天皇、白壁親王こと光仁天皇を父とします。

　また桓武は光仁天皇が妃とした百済武寧王末裔の父をもつ高野新笠を母とします。桓武天皇こと山部親王は光仁天皇の第1皇子ですが、母新笠の家柄が低かったので皇位継承者の立場にありませんでした。そもそも桓武天皇の父白壁天皇は、天智天皇の第7皇子施基王を父とし、紀橡姫を母としていたのです。紀橡姫は紀諸人を父とし、紀諸人は紀国益を父としています。

　『続日本紀』光仁天皇宝亀元年（770）10月条に「天命開別天皇（天智天皇）の孫で、田原天皇（施基皇子、田原は陵墓の場所）の第6皇子である。母は紀朝臣紀橡姫といい、贈太政大臣・正一位の紀朝臣諸人の娘である。宝亀2年12月15日に尊称として追号し、皇太后を称した」と書かれています。

　「宝亀2年」というと、称徳天皇が没し、急遽、白壁王を皇太子とし、白壁が光仁天皇として即位した翌年です。紀橡姫の父諸人については、『続日本紀』元明天皇和銅2年（709）年条に次のように記されています。左大臣石上麻呂、右大臣藤原不比等の時です。

第6章 "吾は日本の神となった"

　3月5日陸奥・越後2国の蝦夷は野蛮な心があって馴れず、しばしば良民に害を加える。そこで使者を遣わして、遠江・駿河・甲斐・信濃・上野・越前・越中などの国から兵士を徴発し、左大弁・正四位下の巨勢朝臣麻呂を陸奥鎮東将軍に任じ、民部大輔・正五位下の佐伯宿禰石湯を征越後蝦夷将軍に任じ、内蔵頭・従五位下の紀朝臣諸人を副将軍に任じて、東山道と北陸道の両方から討たせた。そのため将軍に節刀と軍令を授けた。

　さらに、『続日本紀』桓武天皇延暦4年（785）5月3日条の記事は注目すべきです。

　朕は天下に君主として臨み今年で5年になるが、いまだに祖先を崇めて称号を追贈する重要な儀式を行っていない。このことを思うとまことにおそれ多いことである。そこで朕の外祖父である贈従一位の紀朝臣諸人に正一位・太政大臣を追贈せよ。曾祖母（天皇の外祖母橡姫の母）である道氏を尊んで太夫人と申し上げよう。そこで道氏の公の姓を改めて朝臣とする。

◈藤原魚名の陰謀説
　ちょうどこの1ヵ月前の5月7日中納言で春宮大夫の陸奥按察使兼鎮守将軍の大伴家持が名取以南の14郡の軍備強化を桓武天皇に申請しています。その4ヵ月後に家持は遠征先の陸奥国で死去しました（既述）。
　光仁時代に始まる対エミシ38年戦争（774-812）は、光仁天皇の宝亀11年（780）3月22日の陸奥国上治郡（伊治郡）大領の伊治公呰麻呂の反乱による按察使・参議・従四位下の紀広純の殺害によって、一挙に戦闘が激化し、反乱は多賀城周辺まで拡大します。
　『謎の反乱』の著者浅野恭平によれば、伊治公呰麻呂の反乱は藤原百川から権力を引き継いだ藤原魚名の陰謀説が有力です。浅野恭平の推理によ

177

ると道嶋大盾一族が支配下の夷俘を使って山道に不穏な情勢をつくりだします。

次に藤原百川の子飼いであった大伴真綱が大盾と謀り、紀広純に山道への進撃を勧めます。広純を誘導するため頃合いを見計らって近接地域に敵襲をつくりだすのが、大楯の役割です。

紀広純が多賀城を出て北進するのを待ち伏せて、真綱が広純を殺害するという手順です。大楯の方は山道の伊治公呰麻呂を襲撃して殺害します。その後は大楯の部下に多賀城を襲撃させた上で放火させます。以上、浅野恭平の推理は『続日本紀』と大部異なるストーリーですが、藤原氏による紀氏排除の策謀であるというのが、この本の真骨頂です。

◈征夷大将軍の紀古佐美

延暦7年（778）7月6日参議・左大弁・正四位下で春宮大夫・中衛中将の兼任の紀古佐美は征東大使（征夷大将軍）に任じられます。実は征東使藤原継縄とともに陸国に出向している。その後、紀古佐美は左中弁・式部大輔などを歴任して785年に参議になります。

しかし延暦8年（789）春の副将軍入間広成・池田真枚・安倍墨縄らの北上川渡河作戦では、エミシ軍の反撃で味方に戦死者25人、負傷者245人、溺死者1257人の被害を受けます。結局、この責任を問われて紀古佐美以下全員その職を解任されます（既述）。

この紀古佐美が隅田八幡神社から西方2㎞のところにある陵古墳の被葬者の1人として坂上田村麻呂とともに噂に上っているのは、陵古墳の実年代からいってもありえないことですが、紀氏が紀ノ川流域の名だたる豪族であることからも、紀古佐美が隅田の地に何の関係もなかったとは断定できません。

以上、藤原氏の陰謀・策略によって名門の大伴氏、紀氏の没落を取り上げましたが、すでに述べたことと若干重なっているところもありますのでご容赦願います。

第6章 "吾は日本の神となった"

5　清和源氏の祖応神天皇

※木曾義仲の旗挙げ

　源頼朝が伊豆の代官山木判官を襲撃して1ヵ月目の9月7日木曽義仲は八幡神社の社前で旗挙げをします。現在の長野県木曽郡日義村の旗挙八幡宮が挙兵した場所と言われています。治承4年（1180）の天皇は2歳の安徳、摂政は藤原基通、院は後白河法皇の時です。

　その日、義仲は市原の笠原頼直を破ります。この笠原頼直は以人王（後白河天皇の第3皇子）が討たれた宇治橋の追撃戦で大いに活躍した人物ですが、この度は義仲に追われて城資永のいる越後国に逃亡していました。この城資永は平安時代末期の越後の武将で父は越後平氏の一族である城資国です。

　九条兼家の『玉葉』によると、治承5年8月1日に平宗盛（平清盛の三男）は頼朝が後白河法皇に密かに申し入れた和睦案を拒否します。同年8月15日平家は源氏追討のため奥州平泉の藤原秀衡を陸奥守、平親房を越前守、平助職（城資永の弟）を越後守とします。この城兄弟は父の資国と清原武則の子武衡の娘との間に生まれた子です。

　ちなみに清原武則は前9年の役で源頼義・義家父子と共に安倍貞任を厨川で討った出羽の俘囚長です。のちの奥州藤原3代の清衡は亘理大夫経清と安倍貞任の妹の子ですが、厨川で父経清が厨川で処刑されたので、母の連れ子として武則の子武貞に引き取られます。

　寿永2年（1183）4月17日平惟盛（平清盛の孫、平重盛の嫡男）を総大将とする平氏は一門の総力をあげて京都を出発します。対して義仲は越前国に燧城を築かせ、平泉寺長吏斉明威儀師や能登・加賀・越中の住人6000騎を籠もらせます。しかし平泉寺長吏斉明威儀師の裏切りで鉄壁と思われた城柵は打ち破られ、兵士たちは散り散りになって加賀に逃げ戻ります。5月8日平氏軍は篠原（石川県加賀市篠原）で10万の軍を大手・搦手の2軍に分けます。

179

❖倶利伽羅の木曽義仲

寿永2年（1183）5月11日の朝、平家軍は倶利伽羅峠に到着し、猿ヶ馬場から砺波山一帯に陣取ります。一方、義仲は真正面の森の中に神社の千木が見える場所に陣取ります。その様子を『平家物語』巻7「願書」は次のように描写します。ちなみにこの八幡宮は北陸本線石動駅から近い小矢部市埴生にあります。

木曽義仲が祈願した埴生八幡宮（パンフレットより）

　木曾は羽丹生に陣を構えて、四方をきっと見まわすと、夏山の峰の緑の木の間から朱色の玉垣がほのかに見えて、片そぎ造りの神社がある。前に鳥居が立っていた。木曾殿はこの国の者で土地によく通じている者を呼んで、「あれは何と申す神社か。どういう神を祀っているのか」と聞く。

　その者は「八幡様です。この土地は八幡様の地です」と答える。木曾はたいそう喜んで、書記として連れて来た大夫覚明を呼んで、「義を行おうとしている。どのようなことになろうとも今度の戦いには、勝ってしまおうと思われるぞ。そうであるからには、1つには後代のために、1つには祈祷のためにも、願書を一筆書いて八幡に差し上げたいと思うがどうだろう」と聞く。

　覚明は「まことにそうなさるのがよかろうと思います」と答えて、馬から降りて書こうとする。覚明のいでたちは、濃い藍色の直垂に黒革縅の鎧を着て、黒漆を塗った太刀を差し、黒ほろの矢を24本差した箙を背負い、塗籠藤の弓を脇に挟み、甲をぬいで高紐にかけて背負っていたが、箙から小硯・畳紙を取り出し、木曾殿の御前に畏まって願書を書く。あっぱれ、文武両道の達人と見えた。

第6章 "吾は日本の神となった"

　ここに登場する覚明という人物は、蔵人道弘といって藤原冬嗣が創設した藤原氏の師弟を教育する歓学院というところで学んでいましたが、出家して最乗房信教と名乗ります。高倉天皇こと以人王が園城寺に籠って牒状を比延山・奈良興福寺へ送る際、興福寺は返牒をこの信教に書かせました。その中に「清盛は平氏の糠糟、武家の塵芥」と書いてあったのを見て、太政入道清盛が「その法師を引っとらえて死刑にせよ」と怒ったことを噂に聞いたので、信教は奈良を逃げ出し北国に下り、義仲の書記となり大夫覚明と名のったのです。

　ところで義仲が覚明に書かせた「願書」とはいかなるものでしょうか。27歳で旗挙げするに至った源氏の末裔木曽義仲が八幡神と八幡宮についてどのように考えていたのかをこの「願書」は見事に物語っているので次に紹介します。

　　帰命頂礼、八幡大菩薩は日本朝廷の主君、代々の天皇の先祖である。天皇の位を守るため、人民に利を与えるために、三身の姿を現し、八幡三所となってこの世に現れておられる。ところが数年前より平相国という者があって、日本を支配し人民を苦しめている。

　　これはすでに仏法の仇であり、王法の敵である。義仲は自身低い身分ではあるが武士の家に生まれて、わずかではあるが父の遺業を継いでいる。かの清盛の暴悪を思うと、あれこれ思案してばかりはいられず、運を天にまかせて、一身を国家に捧げている。義兵を起こして、凶悪な者を退けようと試みている。

　　しかしながら、源平両家が対陣して戦闘しているにもかかわらず、兵士の間にまだ心を一つにして戦いに臨む気が出てこないので、まちまちの心になるのを恐れていたところに、いま旗をあげ一合戦しようとしている戦場で、思いもかけず八幡宮を拝した。仏神の感応が熟し、神助を得ることは明らかだ。兇徒を誅戮できることは疑いがない。歓喜の涙がこぼれて、仏神のありがたさを深く心に感じている。

とりわけ曽祖父の前陸奥守義家朝臣は、身を八幡大菩薩の氏子として捧げ、名を八幡太郎と号してより、現在までその一門に属する者で、八幡大菩薩に帰依しない者はいない。義仲はその子孫として長い間深く信を寄せている。今この大事を起こすのは、たとえて言えば、嬰児が貝殻で持って大海の水量を測り、かまきりが斧を振りかざして大車に向かうようなものである。

　しかしながら国のため君のためにこのことを起こす。家のため身のためにこのことを起こすのではない。私の深い志は在天の神に感じてもらえた。頼もしいことだ。喜ばしいことだ。神前に伏して願うことは、仏神の威光により、霊神の力をあわせて、勝利を一挙に決め、敵の四方に退散させてください。そしてそれで真心のこめた祈りが仏神のおぼしめしで加護を与えられるならば、まず1つの瑞相をお見せください。

寿永2年5月11日　源義仲敬白

※ "応神天皇は源氏の祖"

「帰命頂礼」は仏を礼拝するときに唱える語です。「帰命」は身命を捧げて仏にすがり、「頂礼」は仏の足下を拝します。八幡神は神仏混淆によって日本の神になったのです。

　全国の八幡宮の総本社である宇佐八幡宮の祭神は、一之御殿が誉田別尊こと応神天皇、であり、二之殿が比売大神、三之御殿は神功皇后こと大帯姫です。「大菩薩は三身の姿を現し、八幡三所となってここに現れた」というのは、このことを意味しています。

　したがって木曽義仲は八幡神になった応神天皇に誓約を立てます。願書の「帰命頂礼、八幡大菩薩は日域朝廷の本主、累世明君の先祖たり」は、ストレートに「応神天皇が天皇家の始祖である」ということです。

　義仲の父義賢は東宮帯刀長を勤めたので、帯刀先生とも、上野国多胡郡に居住したので多胡先生とも呼ばれました。義賢は武蔵北西部の秩父重隆の養子になり北武蔵にも勢力を伸ばしますが、鎌倉を根拠地とする源義

第 6 章 "吾は日本の神となった"

朝と衝突して埼玉県比企郡嵐山の大蔵館で当時まだ 15 歳であった義朝の長男義平に討たれます。久寿 2 年（1155）8 月 15 日のことです。

この時から義朝の長男義平には悪源太という字（あざな）がつけられます。父が討たれたとき、義仲はまだ 2、3 歳の幼児だったので母とともに信濃国の木曾兼遠（かねとう）に預けられました。

『尊卑分脈』からもわかるように、義仲は頼朝や義経らと同様、清和源氏の一族です。清和源氏とは応神天皇を祖とする源氏のことです。清和天皇から臣籍降下して源の姓を名乗り、臣下の列に入った親王の系譜に繋がっていることを意味しています。

親王は天皇の子息と兄弟姉妹を指します。皇籍を離脱するときに与えられる名を賜姓（しせい）と言います。源氏の姓を与えられた皇族は賜姓源氏（しせいげんじ）になります。このシステムは、弘仁 3 年（812）5 月 8 日嵯峨天皇の時から実施されます。

源氏の研究家奥冨敬之（たかゆき）（1926-2008）が指摘するように「皇室の財政では面倒見切れない。これから自分で喰っていけ」ということですが、対エミシ侵略 38 年戦争で成長した関東武士団が、これら賜性源氏を受け入れる態勢ができあがっていたことを意味しています。

※臣籍降下の源氏と平氏

律令制度では皇親が臣籍降下する時期が「継嗣令（けいしれい）」で決まっています。天皇の兄弟姉妹と皇子・皇女は、天皇を第 1 世として孫にあたる 3 世から 5 世までは王号あるいは女王号が許されます。

臣籍降下はふつう第 6 世から行われていましたが、8 世紀後半から次第に繰り上がっています。延暦 17（798）5 月 23 日「継嗣令」が改正され、5 世は王号を名乗ってよいが、財政的な援助は受けられないことになります。

桓武天皇は長期の対エミシ侵略戦争で財政を逼迫させ、一方では土地と労働を求めるエミシとの戦争を加速させるため、皇親をできるだけ野に放ち地方豪族として土着化する方針をとったのです。

嵯峨天皇はついに信（まこと）・弘・常・明の 4 皇子と貞姫・潔姫・全（うつ）・善の 4

183

皇女を臣籍降下します。この時嵯峨天皇は29歳です。嵯峨天皇には50人の皇子・皇女がいましたが、結局、32人が臣籍降下します。

32人に賜性された姓名はすべて「源」です。皇親に残る者と臣籍降下する者との違いは生母の身分によります。朝廷に官職を有するものが母であった場合は皇親に残され、生母が国司以下であれば臣籍降下の対象になります。

嵯峨天皇は延暦4年（809）の即位ですが、この臣籍降下の慣例は後の天皇に引き継がれ、文徳・清和・陽成・光孝・宇多天皇までの約45年間続きます。後三条天皇（在位1068-1073）以降は次第に減少しますが、21流の源氏と4流の平氏が生まれました。

4流の平氏とは桓武平氏・仁明平氏・文徳平氏・光孝平氏です。桓武平氏は桓武天皇から4代目の高望王に平氏の姓が与えられます。宇多天皇（在位887-897）寛平元年（889）の時です。事実上は高望王の子国香からその姓名が始まります。

高望王には国香・良持・良兼・良文の子がいます。平将門は国香の弟良持の子です。高望王は高見王の子で葛原親王の子です。葛原親王は桓武天皇の子で平城・嵯峨・淳和に続く4番目の皇位継承者ですが、天皇に即位せず嵯峨の子の仁明に先を越されています。

◈頼信・頼義・義家の河内源氏

清和天皇（858-876）には陽成を筆頭に19人の皇子と皇女がいましたが、5人の皇子と3人の皇女が親王および内親王に、4人の皇子と1人の皇女が臣籍降下させられます。清和天皇の子貞純親王の嫡男経基王（源経基）は朱雀天皇の天慶元年（939）、武蔵介となり武蔵国笠原郷に居を構えます。現在の鴻巣大間あたりです。

経基王は貞純親王が清和天皇の6番目の皇子ですから6孫王とも呼ばれました。ところで話が少し飛びますが、話の最後まで読んで下さい。足立郡司武蔵武芝と経基王の紛争に平将門が調停に入ります。ある晩、将門と武芝が酒に酔って経基王の屋敷に寄ったのを経基王は襲撃されたものと勘

違いして京に逃げ帰ります。

この経基王の子が源満仲です。満仲には頼光・頼親・頼信のほか8人の子がいます。頼光は摂津国河辺郡多田（現在の兵庫県川西市多田）の地を相続して、内裏警備や天皇の警備を主とする大内守護の任に就きます。後白河天皇の子以人王の令旨をもって平家追討の呼びかけをした源三位頼政はこの系統です。

頼政は摂津国の渡辺津（現在の大阪市中央区）を本拠地として滝口武者である嵯峨源氏の渡辺党を郎党とします。頼親は満仲の次男ですが、大和国司として興福寺など南都勢力と争いで流罪となって以降、その勢力は諸国に拡散しています。

河内源氏すなわち清和源氏の本流を継いだのは三男の頼信でした。頼信は河内国古市郡壺井（現在の大阪府羽曳野市壺井）を本拠地とします。ここは近鉄南大阪線上太子駅の南西3kmほど歩いたところに鎮座する壺井八幡宮を中心とする丘陵地帯です。丘陵の西側を石川が北流する眺めのよい場所です。

河内源氏初代の源頼信は房総3国、上房国・下房国・安房国に起きた平忠常の乱を鎮圧して坂東にその名を高めました。その子源頼義、頼義の子源義家（八幡神太郎義家）は、前九年・後三年の役を通して奥州に広大な地盤を築きます。頼信・頼義・義家の源氏3代の墓は大阪府羽曳野市通法寺内にあります。

◈源頼信の告文

明治33年（1900）星野恒（1817-1917、国史学者）は論文「六孫王ハ清和源氏ニ非ザル考」を発表します。この論文は当時の学界に大きな波紋を呼び起こしました。清和・貞純親王・経基王・満仲の系譜が、実は清和・陽成・元平親王・経基王・満仲の系譜になるというのです。現在、この説はおおよそ正しいとされていますが、定説とはなっていません。

陽成源氏を清和源氏にしたのは、八幡太郎義家に違いないと源氏の研究で大きな業績を残した奥冨敬之は推測しています。白河院政から冷遇され

た義家が平氏との対抗上、清和源氏にしたというのです。

とすると義家にとって陽成天皇を祖先とするのに都合が悪いことでもあったのでしょうか。元慶7年（883）11月10日陽成天皇の乳兄弟の源益が陽成天皇（869年生まれ、在位876-884）に殴り殺されるという事件が起きました。実は7年前の清和天皇の貞観18年（876）11月29日清和天皇の譲位を受けて貞明親王（陽成天皇）は第57代天皇として即位（7歳）しています。時の関白は陽成の生母藤原高子の兄藤原基経です。

陽成はこの事件の翌年元慶元年（884）2月年齢17歳で退位させられます。陽成が亡くなったのは天暦3年（949）9月29日ですから、陽成は82歳まで長生きしたことになります。多くの研究者は宮中で馬を駆けさせるという陽成の傍若無人な振る舞いをありあまるエネルギーの発散とみていますが、狂気の故とみる学者がいます。当時の文献は陽成のことを「悪君の極み」「乱国の主」と呼んだと言われています。

◈赤坂恒明の論文

ところが、平成15年（2003）赤坂恒明が『聖学院大学総合研究紀要』（第25号、2003年1月）で「世ノ所謂清和源氏ハ陽成源氏ニ非サル考」という星野恒の説を否定する論文を発表しました。この論文はA5判、本文23頁、参考文献からなる詳細な内容です。一方の星野恒の論文も70頁におよぶ論文です。

しかし本書は源氏の始祖王が応神であることを宣した源頼信の告文に重点をおいていますので、両者の検証は割愛して赤坂論文の「はじめに」の文を次に引用します。

　　地方武士集団を組織化して自己の勢力を拡大した「中央軍事貴族」のうち、「清和源氏」の名のもとに知られる武門源氏は、武門の棟梁として最大規模の大武士団を形成した。彼らの祖源朝臣経基の系譜については、清和源氏の子貞純親王の子とする旧来の通説と、陽成天皇の子元平親王の子とする説が成立し、今日なお結論が出ていない。

第6章 "吾は日本の神となった"

　陽成説は明治33年星野恒によって唱えられた。この説は経基の孫にして所謂「河内源氏」の棟梁であった河内守源頼信が永承元年（1046）に、新造の河内国誉田八幡宮に奉ったという告文（願文）の写しである。石清水八幡宮田中家文書「源頼信告文案」古写における記載に基いている。

　星野恒は旧来の清和出自説に対し、武門源氏の系譜は源頼朝によって初めて清和天皇の子貞純親王につなげられたと論じている。即ち、『尊卑分脈』など、清和出自説の根拠の大部分は、頼朝より後の時代に作成されたものであり、また、頼朝以前の『大鏡』『今昔物語』における、武門源氏が清和天皇の後裔であるという記載については「大鏡頗訛舛攙入アリ、今昔物語ハ記事精ナラス、妄リニ街談巷説ヲ載セ、彼条マタ許多ク賛詞ヲ列ネタル語中ナレバ皆頼信告文ト対勘スルニ足ラ」ないものとした。

源頼信の「告文」とは次のようなものです。

　儆奉煖先祖本系者、大菩薩聖体者、悉某二二世氏祖也　先人新発経基、其先元平親王、其先陽成天皇、其文徳天皇、其先深草天皇其先嵯峨天皇、其先柏原天皇、其先白壁天皇、其先天智天皇、其先施基王子、其先舒明天皇、其先敏達天皇、其先欽明天皇、其先継体天皇、其先彦主王子、八幡宮五世孫也。

　確かに赤坂恒明が指摘するように、経基が清和天皇と陽成天皇のいずれの孫であろうと、武門源氏の本質にあまりかわりはありません。「頼信告文」の意図は、その末尾部分（包紙の題署）に「頼信奉　八幡神大菩薩祭文（顕源氏由来云々）」とされていることから明らかなように、「啻ニ之ヲ神廟ニ秘蔵セサルノミナラス、併セテ世人ノ閲覧シテ家系ヲ知ラン事ヲ欲スル」ことにありました。

　その「家系」とは、頼信の八幡信仰の理由、即ち、頼信自身の先祖が八

幡神こと応神天皇であることを示したものです。繰り返すことになりますが、頼信がなぜに自身の系譜を陽成天皇の子元平親王したのかは、本項のテーマではないので、詳しくは赤坂恒明氏の論文を参照してください。

第7章　河内源氏と百済系渡来集団

1　源経基、平将門を訴える

※讒言の罪で拘禁された経基

　出羽国の雄物川以北12村のエミシの反乱（元慶の乱）から60年経った天慶元年（938）天皇が朱雀、藤原忠平が摂政兼太政大臣の時、陽成天皇の子元平親王を父に持つ経基王（源経基）は介として初めて武蔵国に赴任することになりました。

　経基には武蔵権守興世が随行します。2人は赴任草々、管内を巡視（検証）することにしました。ところが足立郡司の武蔵武芝が「権守や介の管内巡視は、守が正式に赴任してから行うのが慣例である」と言って横槍を入れました。

　怒った経基と興世王は兵を率いて国内の巡視を強行します。衝突を恐れた武芝が山奥に身を隠したところ、経基と興世王は足立郡の武芝の土地や屋敷から物品を持ち去ってしまいました。このことを聞きつけた平将門が私兵を引き連れて武芝の郡家を訪れると、経基らは妻子ともども比企郡の狭服山に立て籠ります。

　その後間もなく、興世王だけが山を下りて武蔵国府で将門・武芝と和解します。3者が武蔵国府で和解の酒盛りをしている最中に、武芝の家来たちがやってきて経基の営舎を取り囲みました。経基は将門らに襲撃されたものと思い、急遽上洛して将門・武芝・興世王を謀反の罪で訴えました。天慶元年（938）3月の頃です。

　将門のかつての主人太政大臣の藤原忠平（北家基経の子）は使者を派遣して件の事件を調査させます。驚いた将門ら3人（将門・武芝・興世王）

189

は常陸・下総・下野・武蔵・上野の5ヵ国の「謀反は事実無根」の証明書を添えて朝廷に送りました。結果、逆に経基が讒言の罪で一時左衛門府に拘禁されます。この事件は『将門記』にも「介経基、いまだ道に練れず」と書かれるほどでした。経基王は臣籍降下したばかりの賜姓源氏の1人でした。

『将門記』は、10世紀半ば関東地方で起こった平将門の乱の顛末を描いた最初の軍記物語ですが、原本は残っていません。2つの写本（『真福寺本』と『楊守敬旧蔵本』）がありますが、いずれも冒頭部分が欠落しています。

したがってこの事件は具体的には不明な点が多く、時間・場所・登場人物などで研究者間の食い違いがあります。一致する点は将門の和解介入を誤解した経基が京に逃げ帰り、将門らを反乱の罪で訴えたことのようです。

❖平将門の「新天皇宣言」

疑問なのは介経基と権守興世王との関係です。興世王の「権守」が国4等官「守→介→掾→目」の掾＝権掾の意味であれば、興世王は「介」の経基に随行する下位の「掾」として理解できます。それにしても権守興世王の振る舞いは何かと勝手すぎます。経基に職務引き継ぎのために同行した前任の武蔵国守と誤解されかねません。いずれにしても足立郡司武芝は「正式な守が赴任していない」と言って巡視を認めようとしなかったことは確かです。

問題は興世王の系譜です。興世王が桓武天皇の子伊予親王の4世孫という説もあります。将門らが「謀反は事実無根」の証明書を出した年の天慶2年（939）に正式の国司百済王貞連が武蔵国に赴任したことです。『将門記』によると国司百済王貞連と興世王は姻戚関係（お互いの妻が姉妹関係）であるにもかかわらず、貞連は興世王を国庁の会議に出席させませんでした。間もなく興世王は経基王から去り、下総の将門のもとに身を寄せます。

この年（天慶2）11月常陸の豪族藤原玄明と常陸介藤原惟幾が対立した

ので、玄明に味方した将門は常陸国府を襲撃したばかりか、印爾を奪い、常陸介惟幾を京に追い返します。すでに将門の側近となっていた興世王は「一国を討てりと雖も公の責めは軽からじ。同じく坂東を虜掠して、暫く気色を聞かむ」（たとえ一国を討ったとしても、お咎めは軽くないでしょう。同じことならいっそ坂東諸国を攻めとって、しばらく様子を見ようではありせんか）と励まします。

『将門記』によると、天慶2年12月上野国を占領した将門は庁に乱入し、四方の門の警備を固めて諸国の除目（京官、外官の任命）を発令します。ちょうどその時、1人の巫女が現れ、「われは八幡大菩薩なるぞ」と口走り、次のように言いました。

　　　朕の位を蔭子平将門にお預けいたす。その位記は左大臣正二位菅原朝臣の霊魂が捧げるところである。右の八幡大菩薩は、八万の軍を催して朕の位をお預けするであろう。今ただちに三二相楽奏でて、早くこれをお迎え申し上げよ。

お告げを受けた将門は都の天皇に対して自らを新王と称し、坂東諸国に宣言します。当の興世王は独自に除目を発令し、自らを上総介とします。しかし将門らの謀反により、翌天慶3年（940）以前の訴えが事実となったので、経基は放免され、将門追討が開始されます。同年2月に平貞盛・藤原秀郷らと合戦で将門は討ち死にします。興世王も上総で藤原公雅に討たれます。

2　桓武天皇の5世孫平将門

※平将門の反乱が意味するもの

話を経基王（源経基）の武蔵国の赴任から40年（約1世代）ほど遡らせます。そうするとなぜ将門が当時坂東に大きな影響力を持つようになっ

たのか、その理由を知ることができるからです。事実、将門は15、6歳の頃平安京に出て、藤原北家の氏長者忠平を私君として主従関係を結んでいます。

経基と武蔵武芝との仲介に乗り出した平将門は平姓を名乗った高望王の子孫なのです。つまり天智系天皇桓武を父にもつ葛原親王の子が高見王で、その子が高望王です。高望王は平姓を名乗るまではれっきとした皇族の身分でした。

昌泰元年（898）の醍醐天皇（在位897-930）の時、上総介に任じられた高望王（生没不詳）は、長男国香・次男良兼・三男良将（良持）を伴い任地に赴きます。言ってみれば平高望は源経基と同じ臣籍降下の身であっても、源経基より40年も早く坂東の地に入ったのです。3人の息子たちはそれぞれ坂東の有力豪族の娘を妻にします。三男の良持も下総相馬郡の犬養春枝の娘を妻として将門を生みます。

ということは、高望王は桓武天皇3世の子孫にあたり、将門は5世孫ということになります。賜平姓の高望王はいわゆる4世の国香・良兼・良将・良文・良茂の男子をもうけ、さらに5世・6世が関東一円に桓武平氏の勢力を拡大します。

元平親王の子で賜姓源氏1世の経基王が武蔵に赴任した頃は、すでに桓武平氏4世のそれぞれ所領を拠点とした紛争が激しくなっていました。長男の平国香は常陸、次男良兼は下総、三男良将（良持）は下総佐倉を拠点にしましたが、まだ長子相続制の確立していない当時、領地獲得・支配の争いが親子兄弟・叔父・甥の間で頻発する

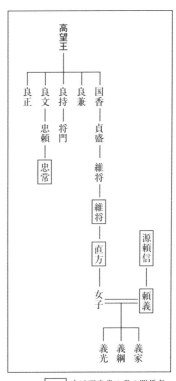

桓武平氏略系図

□内は平忠常の乱の関係者

のはいたしかたありません。

　ちなみに天長3年（826）、上総・常陸・上野の3国は親王が太守（正四位下相当の勅任の官）として治める親王任国となりましたが、太守は都にいて、代理（代官）に介が長官として派遣されていました。本来常陸守や上総守が任命されるべきであるのに介を任命しているのは、親王直轄という意味合があったからです。

　源経基が介として赴任する4年前の承平5年（935）2月将門は野本の戦で叔父の常陸大掾平国香と前大掾源護と争い、護の子扶・隆・繁を殺害します。ちなみに源護は出自不明ですが、1字名から嵯峨源氏と推測されます。護の娘は国香・良兼・良正に嫁いでいるので、将門の最初の乱は所領と姻戚関係をめぐる諍いが原因と考えられます。

　将門の乱はまさに燎原の火のように広がりました。静観していた叔父良兼も国香亡き後の氏長者として国香の子貞盛を誘って承平6年（936）2月将門を攻めますが、良兼は将門の奇襲を受けて下野国（栃木県）の国衙に保護を求めます。勢いに乗った将門は下野国府を包囲して叔父良兼のみ逃亡させます。

※将門追補の太政官符

　この年（承平6）、息子3人を殺害された源護が出した告状によって、朝廷から将門への召喚状がでます。将門は平安京に赴いて検非違使庁の尋問を受けますが、承平7年（937）4月7日の朱雀天皇元服の大赦によってすべての罪が許されます。それを不満とした叔父良兼は、同年8月将門の父良将（良持）や高望王の肖像をかかげ将門の常羽御厩（良兼の娘と孫）を攻め立てます。

　この戦いで将門は敗走し、良兼は将門の妻子を連れ帰ります。しかし弟たち（『将門記』には「舎弟と語らいて」とあり、舎弟は良兼の長子公雅と公連とされている）の手助けで1ヵ月後の9月10日妻子は出奔し、将門のところに帰ります。妻子が戻ったことで力を得た将門は、朝廷に対して自らの正当性を訴える行動にでます。

同年 11 月 5 日朝廷は、平良兼・源護らを常陸国の敵として将門に追
補を命じる太政官符を関東諸国に発しました。これに対して翌天慶元年
（938）2 月平貞盛（国香の子）が、罪状告発のため京に向かう途中、将門
が追跡して信濃国分寺辺りで戦いとなります。貞盛はかろうじて逃れて京
で将門を告発します。

　将門が武蔵権守興世王・介源経基と足立郡司武芝との争いに介入したの
はちょうどその頃でした。この年の 6 月頃平貞盛（国香の子）は召喚状を
もって帰国します。そして翌天慶 2 年（939）3 月源経基は武蔵権守興世
王と将門の裏切りを疑って、京に上り 2 人を謀反人として告訴したのです。

3　藤原摂関家の軍事貴族源満仲

◈陽成天皇を祖父とする源経基

　清和天皇を父にもつ貞純親王の子源経基が、実は陽成天皇を父にもつ元
平親王の子であるという源頼信の「告文」（永承元年 =1046 年）を信じれば、
『将門記』に書かれた経基王についての「介経基、いまだ兵の道に練れず」
というイメージも変わってきます。

　この「頼信告文」の重要性については後述することにして、清和天皇→
貞純天皇→源経基→源満仲→頼信→頼義→義家のいわゆる清和源氏の系譜
とするのではなく、清和天皇→陽成天皇→元平親王→源経基→満仲→頼信
→頼義→義家の系譜を基軸に河内源氏の話を進めていきます。と言います
のも陽成源氏ではおさまりが悪く、件の「告文」を頼信自らが本拠地と
する河内古市郡壺井郷に近い応神陵（誉田陵）に接して鎮座する誉田八幡
宮に捧げているからです。

　源頼信は摂津多田（兵庫県川西市多田）の地に武士団を形成した「多田
新発意」とも「満仲」とも呼ばれた源満仲の三男です。頼信には兄に頼
光・頼親の 2 人、弟に頼平・頼範等 6 人がいます。しかし頼信の父満仲が
経基王の子としていつどこで生まれたのか明らかでありません。

『今昔物語』に満仲の末子で延暦寺の僧となった源賢が父の殺傷を悲しみ、仏法を満仲に説き出家させたという説話がありますが、この説話によればこの時の満仲の年齢は60歳余と伝えています。

満仲は上総・常陸の介、武蔵・摂津・越後・越前・下野・美濃・信濃・伊予・陸奥の守、そして鎮守府将軍を経て、天皇が一条、左大臣が藤原道長の長徳4年（998）87歳で死去したと伝えられています。言ってみれば満仲は都にいて伊尹・兼家ら藤原摂関家に仕える軍事貴族でした。

❖安和の変で暗躍

満仲の史料上における初出は、平将門の子が入京したとの噂があり、検非違使や大藪春実らとともに捜索を命じられた武士の1人として記されている天徳4年（960）です。時の天皇は村上、左大臣は藤原実頼（忠平の子、師輔の兄）、右大臣は伊尹・兼家兄弟の父師輔です。満仲が35歳の頃です。

当時、満仲の父経基も祖父元平親王も曾祖父の陽成院も健在でした。将門の乱当時、陽成院は狩猟・武芸をたしなみ、子の元平親王も弾正台（警察機関）の長官の立場にあったといいます。このように祖先の血筋からも満仲は軍事貴族になる環境にめぐまれていました。満仲を一躍有名にしたのは安和の変です。

安和2年（969）天皇は冷泉、関白兼太政大臣が藤原実頼、左大臣が源高明（醍醐天皇の子、師輔の女婿）、右大臣が伊尹です。この頃師輔が死去（960年）し、続いて村上天皇が死去（967年）したばかりか、もともと玲泉天皇は虚弱でした。

したがって玲泉の弟為平を婿に迎えた源高明と、その弟守平親王を東宮（皇太子）に立てた師輔の子伊尹・兼家兄弟は対立しました。ここで暗躍したのが満仲です。もともと満仲は姻戚関係を通して源高明とは師弟関係にあります。事件は満仲の密告により、玲泉天皇の弟為平親王を擁立する謀反計画が暴露され、左大臣源高明が失脚・配流という結果となったのです。

以後、満仲は天皇が円融、摂政伊尹・関白兼通・関白頼忠（実頼の子）

政権下で、武蔵・摂津・越後・越前・伊予・陸奥国を受領し、莫大な富を蓄積します。晩年は２度目に赴任した摂津国に土着、多田盆地に入部し所領として開拓するとともに多くの郎党を養い武士団を形成します。

さらに花山天皇（冷泉天皇の第１皇子、在位１年６ヵ月）退位事件に関与し、一条天皇の摂政になった藤原兼家の爪牙として睨みを利かせました。永延元年（987）天皇一条、摂政兼家の時、多田の邸宅で郎党16人と女房30人とともに出家し、満慶と称しました。

4　藤原道長の妻倫子と父源雅信

◈桓武天皇を祖とする21流の源氏

『八幡宮の研究』の著者宮地直一博士は「清和源氏の始祖貞純親王は清和天皇の皇子で、源氏は石清水をもってその始祖の清和天皇の勧請した神社として崇拝し、氏神とするようになった」という通説に対して、石清水は清和天皇とは直接の関係はなかったと指摘しています。

また博士は「八幡神は天皇家の祖神にして源氏は皇族より分岐したものであるから、石清水をもってその氏神とした」という説に対しても、源氏は応神天皇とは縁が薄く、この説明では理由が明らかにならないとしています。

博士の言わんとしていることは、少々わかりにくいのですが、源氏が八幡宮を氏神としたのは清和源氏が盛んになる以前のことで、最初は諸源（諸天皇から臣籍降下した源氏）の氏神であったのが、後、清和源氏が独り独占するようになったと指摘しています。

宮地博士がここで言う「諸源」とは、具体的に天皇の名をあげると嵯峨・仁明・文徳・清和・陽成・光孝・宇多から後醍醐・正親町に至るまでの21流の源氏を指しています。

❖宇多天皇の皇子敦実親王

　宮地博士によれば石清水八幡宮は宇佐から遷座以来、天皇の祖神として無上の崇敬を受けていました。それが皇子・皇族等のなかに多くの崇拝者を生み、特に平安朝における諸源は源氏の代名詞にして、皇子・皇孫の崇敬の対象であったのです。多くの実例のなかから宮地博士は宇多天皇の皇子敦実親王を例にあげています。

　敦実親王が領地の河内国（錦部郡）甲斐伏見庄を寄進したこと、敦実親王の子貞延が石清水八幡宮の検校に昇進したこと、敦実親王の子源雅信は父に似て石清水を崇めること特に深く、放生会には必ず潔斎をして神馬を奉り、また日毎に八幡の名号を念ずること108回に及んだことなどです。石清水八幡宮には今も神馬舎があり、参観コースにかかすことができません。

京都男山にある石清水八幡宮の神馬

　宇多天皇の子敦実親王のことを述べる前に、親王が寄進したという荘園のことを話しておきます。河内源氏が頼信の時代に台頭することと関係があるからです。博士が言う「甲斐伏見庄」とは、現在の河内長野市の全域（旧新野村・長野村・天野村・高向村・三日市村・加賀田村・天見村・河上村）、富田林市の一部（旧甘山村・錦郡村・彼方村）に相当します。

　そして甲斐庄＝伏見庄＝布志見庄は、延久4年（1072）の石清水八幡宮田中家史料に見える大菩薩宝常灯料・観音堂として寄進された荘園のことです。ちなみに「河内国（錦部郡）」を地名辞書で調べると、「明治11年の郡区町村編成法では、志紀・安宿部・古市・石川・錦部・丹南・八上7郡合同の郡役所が古市郡古市村に置かれたが、明治16年石川郡富田林村へ移転、明治29年4月1日これらの7郡が統合されて南河内郡に設置され、郡役所は引き続き富田林村に置かれた」とあります。

　頼信と甲斐庄の関係については後述しますが、これら諸郡の中には河内

源氏が将来一大武士団として成長する必要不可欠な馬の放牧場が少なからずあったと考えられます。

◈摂政兼太政大臣の藤原基経

　それでは宇多天皇を父にもつ敦実親王はどのような系譜の持ち主でしょうか。宇多天皇と源頼信の関係が明らかになれば、頼信がなぜ応神天皇を祖とする「告文」を誉田八幡宮に納めたのか、頼信の孫源義家がどうして「八幡太郎」と呼ばれるようになったのか説明できそうです。

　宇多天皇こと定省親王は第58代光孝天皇の子ですが、光孝には兄の文徳天皇（第55代）がいます。したがって天皇の即位順では仁明→文徳→清和→陽成→光孝→宇多天皇となり、兄文徳と宇多天皇の間に清和・陽成がいます。宇多は光孝天皇の第7皇子で母は桓武天皇の皇子仲野親王の娘でした。

　光孝天皇の即位（元慶8年）当時の摂政兼太政大臣は藤原基経です。基経は義房の死後、清和・陽成・光孝・宇多天皇に仕え、宇多天皇の時に日本史史上の初の関白となります。元慶8年（884）2月基経のもとで陽成天皇が廃され、その後天皇になった光孝天皇ですが、この年の6月基経が外戚とする清和天皇の弟貞保親王をはばかって26人の皇子皇女を1度に臣籍降下させて源氏にします。貞省親王もその中の1人に入っていました。

◈菅原道真、冤罪により大宰府へ

　しかし基経は光孝天皇の内意は貞省親王にあるとして、貞省親王を皇族に復帰させ、皇太子とします。立太子した仁和3年（887）8月26日病気がちであった光孝天皇は死去します。即位に際して宇多天皇は基経を関白に任じる詔勅を出しますが、基経は先例により辞退します。

　天皇は左大弁橘広相に命じて基経に2度目の詔勅を出します。「宜しく阿衡の任をもって卿の任とせよ」という詔勅に怒った基経は、いっさいの政務を放棄してしまいました。詔勅の意味を文章博士の藤原佐藤世が「阿衡は位貴くも、職掌なし」（中国の故事）と基経に告げたからです。

198

宇多天皇は先の詔勅を取り消して広相を罷免します。しかし基経は広相の遠流を求めます。そこで讃岐守菅原道真らがこれ以上は藤原氏のためにならない旨の書を基経に送り、ようやく事件が収まりました。

この事件は基経の権力の強さを世に知らしめた事件として知られています。後、宇多天皇は源氏や藤原保則や菅原道真ら藤原北家嫡流以外から優れた人材を抜擢し、遣唐使の廃止、『日本三大実録』『類聚国史』の編纂など文化面でも多くの人材を生みます。

しかし宇多天皇は寛平9年（897）7月6日突然退位して皇太子敦仁（醍醐天皇）に譲位します。その譲位の際、宇多は同母妹の為子内親王を王妃に立て、菅原道真を権大納言に任命し、当時大納言で太政官最上席の藤原時平を次席にして2人に内覧を命じました。この宇多天皇の強行ともいうべき人事は周囲の反発をかい、昌泰4年（901）菅原道真は宇多天皇の第3皇子で自らの娘婿である斉世親王を皇位につけようとした嫌疑で大宰府に左遷されました。

❖敦実親王の子左大臣源雅信

宇多天皇の皇子・皇女や孫に至るほとんどが源氏の姓を受け臣籍降下しました。宇多天皇から出た源氏を宇多源氏といいます。その中で藤原胤子（内大臣藤原高藤女）の子敦実親王の系列がもっとも栄えます。敦実親王の子源雅信は円融天皇の天元元年（978）に左大臣となり、花山天皇を経て一条天皇の正暦4年（993）に死去するまでの15年間務めます。

琵琶の名手として有名であった父の敦実の影響を受けた源雅信は「音楽堪能、一代名匠也」と言われるほどの達人で「源家根本朗詠七首」などを定め、朗詠の祖と呼ばれるようになりました。『大鏡』（白河院政期成立した歴史物語）によれば雅信は「南無八幡大菩薩　南無金峰山金剛大般若波羅蜜多心経」という念仏を毎日100回行うことを日課にしたといいます。

天元元年（978）10月2日雅信は右大臣から左大臣に昇進、同時に左大臣兼関白の藤原頼忠（実頼の子）は太政大臣、実兄の前関白藤原兼通の弟藤原兼家（師輔の子）が右大臣になります。この人事は源雅信に1つ上の

職務を行わせることによって藤原氏の影響力を牽制しようとした円融天皇の政策とも言われています。

雅信は花山・一条・三条が皇太子時代に東宮傅（皇太子の教育を司る官）を務めます。源雅信の最大の望みは娘倫子を天皇の后にすることです。ところが花山天皇は藤原兼家の策動によって退位します。そうしているうちに兼家の四男道長が倫子に求婚します。しかし道長には道隆・道兼の2人がいましたので、出世の望み薄です。しかも道長は倫子より2歳年下です。

◈藤原道長と倫子の子藤原彰子

悩んだ源雅信は倫子の生母で妻の藤原穆子（36歌仙藤原朝忠の娘、祖父右大臣藤原定方）に相談します。穆子は道長よりさらに14歳年下の一条天皇や皇太子の三条天皇（円融天皇の子）よりも藤原道長を勧めます。

永延4年（993）天皇が一条、藤原道隆（道長の兄）が関白の時、雅信は70歳で死去しますが、祖父宇多天皇や父の敦実親王ゆかりの仁和寺（京都市右京区御室大内）に葬られます。その翌々年の長徳元年（995）5月道長は内覧氏長者となり、7月左大臣に昇進します。

道長の正室の倫子は頼道・教通・一条天皇中宮彰子（藤原彰子）、三条天皇中宮妍子、後一条天皇中子、後朱雀天皇東宮嬉子の生母となり、雅信の正室倫子の生母穆子は太政大臣道長の姑として、摂政頼道および3代の天皇の后妃の祖母として86歳の人生を全うします。

ちなみに道長と倫子の間に生まれた長女藤原彰子（989-1074）は、一条天皇の皇后、後一条天皇・後朱雀天皇の生母となり、すなわち上東門院藤原彰子は女房に『源氏物語』の作者紫式部、歌人和泉式部などを従え、華麗な文芸サロンを形成したことはご承知の通りです。

寛弘5年（1008）9月11日藤原彰子は土御門に第2皇子敦成親王（後一条天皇）を出産します。皇子誕生を長く待ち望んでいた父道長の狂気ぶりは、『紫式部日記』に詳細に記されています。さらに彰子は敦良親王（後朱雀天皇）を生み、この2皇子が道長一家の繁栄の基盤となります。

なお一条天皇と皇后藤原定子（道長の長兄道隆の娘）の間に生まれた第

第7章　河内源氏と百済系渡来集団

1皇子の敦康親王は、母定子が難産で死去したため、藤原彰子が養育することになりますが、彰子が第2皇子を生んだので敦康親王の天皇即位は絶たれます。

　敦康親王の話は別の機会に譲ることにして、同じ源氏でも文の源氏とは正反対の武士団を形成した源満仲の子頼信と頼義・義家の河内源氏3代の話に移ります。

201

202

終章　もし応神天皇が百済人であるならば……

1　平忠常の乱と源頼信

❖右大臣藤原実資の日記『小右記』

　河内源氏が源頼信の時代に台頭したことはほぼ間違いありませんが、当初から河内国古市郡の壺井郡一帯を本拠としていたかどうかはよくわかっていません。このことが明らかになれば河内源氏の実態が鮮明になるはずです。

　壺井郡一帯は金剛山地・和泉山地の源を発する石川右岸の丘陵地にあり、対する左岸は羽曳野丘陵と広大な河内平野が広がります。その北西方向は応神陵を中心とする古市古墳群、背後は王陵の谷と呼ばれる敏達・用明天皇、聖徳太子陵のある王陵の谷に接している風光明媚な地でかつ要害の地です。

　源氏の系譜について宮地直一博士は、その始祖皇子より源経基・満仲の代に至るまでは、八幡宮に関しては何らの伝説もないとしながらも、頼信の代になってはじめて八幡神と源氏の関係は永承元年（1046）頼信が誉田陵（応神陵）に納めた「告文」によって明らかになったとしています。博士はこの告文を源氏と八幡神の関係を理解するもっとも重要な研究史料であるとしています。

　源頼信が頭角を現したのは平忠常の乱以降と言われています。それまで頼信は父満仲の下で2人の兄頼光・頼親ついで道兼・道長ら藤原摂関家の家人（郎党・従者）として働いていました。言ってみれば都に居住する軍事貴族でした。その点では頼信の出世は次男の頼清より遅れるほどでした。

　平忠常の乱とは将門の叔父平良文（国香を長子とする四男）の孫忠常が、

長元元年（1028）6月に安房守平惟忠を焼き殺す事件に端を発しています。平忠常の乱が起きた当時の後一条天皇の治世下の関白兼左大臣は藤原頼道（道長の長子）、右大臣は藤原実資、内大臣藤原教通です。参議藤原斉敏の四男の実資は、後に祖父の実頼（藤原忠平の長男）の養子となり、家領の多くを相続し小野宮流（平安時代に始まった有職故実の流派）を継承します。

　ちなみに「賢人右府」と呼ばれた実資が遺した日記『小右記』は、藤原道長・頼通の全盛時代を知る重要な史料として知られています。その内容は道長の政治および人物におよそ批判的です。しかし藤原道長が詠んだ歌「この世をば　我が世とぞ思ふ　望月の　欠けたることの　なしと思へば」が世に知られたのは『小右記』に記されていたからです。

※頼信、平忠常の乱を平定

　話を平忠常の乱に戻します。頼信はかつて平忠常とは師弟関係にありました。このことは『今昔物語』巻25の「源頼信、平忠常を責めること」に書かれています。頼信が常陸介になったのは長和元年（1012）以前ですから頼信が34歳の時です。『今昔物語』によると常陸国内の所領に応じない下総国の豪族平忠常追討で、頼信が霞ヶ浦・利根川の浅瀬を利用するという予想もしなかった渡河作戦で忠常の館を落としたことに、忠平が驚いて頼信に名簿を渡します。

　長元元年（1028）の平忠常追討使の候補は右大臣藤原実資以下公卿らによって次の4人に絞られます。前伊勢守源頼信、検非違使平直方、同中原成道、平正輔（桓武平氏貞盛流、貞盛の孫）です。最終的に検非違使平直方と同中原成通に決定します。

　この人選は対道長・頼通批判派の右大臣藤原実資の家人であった頼信が回避されたこと、一方平直方（桓武平氏貞盛流、平国香4世孫）の平忠常に対する強い執念によるものとされています。

　しかし平忠常は徹底抗戦にでます。もともと忠常は関白頼通の同母の弟で当時内大臣の教通を私君としていたことからも、京の内部事情に詳しかったのではないかと考えられています。加えて同じ追討使の候補になっ

終章　もし応神天皇が百済人であるならば……

た平正輔は伊勢の所領をめぐる一族（伊勢平氏）のため平忠常追討に参戦
することができませんでした。

　この平忠常追討は難航を極め、内乱が勃発してから3年目に入りました。
さすが関白頼通も平直方の更迭を決定し、頼信を追討使としました。

　当時、頼信は甲斐守に就いていました。長元4年（1031）4月、平忠常
が甲斐国に訪ねることによって内乱は終結します。平直方に代わって主君
頼信が追討使になったことで忠常はあっけなく降伏したからです。しかし
忠常は頼信に従って京に向かう途中病死します。後、平忠常の子常昌の子
孫が上総介・千葉介となって房総半島の支配者となります。

　戦わずして平忠常の乱を平定してその名が一層知れ渡った頼信は、長元
5年（1023）2月美濃守に就任しますが、その任を終えたのは4年後の長
元9年（1036）と推定されます。美濃守としての事績がはっきりしないか
らです。

2　河内国守源頼信と荘園坂門牧

◈河内国石川郷壺井の所領

『源義家』の著者安田元久は、寛仁4年（1020）に河内守に任じられて
古市郷香呂峰に居館を構えた頼信は翌年の治安元年（1021）にこの地で長
子頼義をもうけたとしています。すると頼信は平忠常の乱（1028年）以
前に古市郷に居住していたことになります。

　頼信の所領が河内国石川郷壺井（羽曳野市）であることは研究者間の共
通の認識ですが、頼信が河内の所領を形成した時期については異論があり
ます。例えば江戸時代編纂の『通法寺縁起』は寛仁4年です。先の安田元
久の所伝はこの『通法寺縁起』によることがわかります。一方頼信が誉田
八幡宮に納めた『告文』によると頼信は永承元年（1046）当時、河内国守
であったとしています。

　すると美濃守を終えた頼信は、長元9年（1036）以降河内守であったの

205

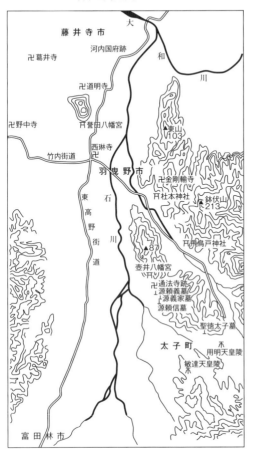

坪井里周辺図

か、あるいは長元9年以前から美濃国守を兼ねて河内国に居住していた可能性もあります。頼信が河内国守就任を機に所領を形成したという説に対して、『河内源氏』の著者元木泰雄は「所領はすでに存在していたと考えられる」と指摘しています。いずれにしても史料上では頼信は2度河内国守に就任していることになります。

元木泰雄は、美濃・伊予などの大国を受領した後摂津の受領に就任した頼信の兄頼光の例をあげて、頼信が晩年に河内国守に就任したとすれば兄頼光と同様にすでに所領を有する河内の受領に特別に任じられたのではないかと推測しています。頼信は河内の所領を強化することによって在京活動の基盤を拡充することができるからです。

元木泰雄によると頼信は腹心の藤原則経を、藤原道長の妻倫子(源雅信の娘)の所領坂門牧の荘官藤原金則に養子として送り込んでいます。坂門牧は河内郡古市郷の牧で坂戸牧とも書きます。藤原金則は藤原道長の家司を務め、河内守などを歴任して道長の外孫敦成親王(後の後一条天皇)と敦良親王(後の後朱雀天皇)にそれぞれ馬を献上しています。坂門牧は馬を飼育する牧場でもあったのです。

終章　もし応神天皇が百済人であるならば……

❖頼信の妻修理命婦の出自

　頼信の長男頼義（義家の父）が相模守を受領するのは長元9年（1036）の頼信が美濃守を終えた年です。相模守就任後間もなく、平忠常の乱を戦わずして平定した源頼信に全幅の信頼を置いた平直方の勧めによって頼信の長子頼義は直方の娘と結婚します。

　したがって長子頼義は関白頼通の家人であった貞盛流平氏の名声ばかりでなく、鎌倉の屋敷、東国の家人を譲渡されることになったのです。頼義の父頼信は永承3年（1048）に死去します。享年は81歳とされていますが、生年は明らかではありません。

　件の頼信告文が永承元年（1046）ですから、頼信が亡くなる2年前に誉田八幡宮に納められたことになります。頼信は下級女官であった修理命婦を妻として頼義・頼清・頼季の3子をもうけます。修理命婦の家系はわかりません。ただ保元の乱のきっかけになった関白藤原忠実の談話を集めた『中外抄』によると頼義の実母（頼信の妻）は、後、自分の侍女を愛する男と不倫関係を結び別子を生んだとされています。

　このため長子頼義は母を嫌悪し、前九年の合戦で死んだ馬の法要は行っても母の忌日にさえ法会を行わなかったといいます。「関白忠実がそれ以後、源氏の代々の当主は家柄のよい女性を母とした」という『中外抄』の記事から、元木泰雄は頼義の母は身分の低かったこともあり、こうした婚姻が行われたのは満仲の三男でまだ20歳そこそこに過ぎない頼信の政治的地位の低さとも関係しているだろうと考察しています。

❖八幡大菩薩の遺骨を納めた三昧堂

　頼信の修理命婦の出自については後にまた述べることにして、ここでは『羽曳野市』（巻1、羽曳野市編纂委員会編）の「第2部　河内源氏とその時代」（中世編）をもとに、頼信と荘園の関係について補足しようと思います。少々重なる箇所が生じますがご容赦いただきたいと思います。

　宇多天皇の皇子敦実親王が領地の河内国（錦部郡）を石清水八幡宮に寄

207

進したことは先に述べましたが、壺井の里を本拠とした頼信が近くの河内
郡大県郡（柏原市平野付近）の摂関家坂戸牧（坂戸源氏の本貫地）と緊密
な関係があったことが改めて確認できます。ここでいう坂戸牧は、道長の
妻で藤原頼通の母倫子（源雅信の娘）の所有する荘園の坂門牧であること
です。

　『羽曳野市』によれば文徳天皇の子源能有（清和天皇の兄）の文徳源氏
の一流である河内守源章経の時、この坂戸牧の荘園に本拠を構えたとして
います。源章経は利仁流藤原氏の藤原金則を養子にして、その系統が坂戸
牧の本貫として坂戸源氏と称しますが、頼信は自分の郎従藤原則経（改名
則継）を金則の養子とします。

　そしてその則経も坂戸牧を本領とし、その子則明は坂戸牧で生まれて
「坂戸判官」と称します。この藤原則明は前九年の役（1062 年）で源頼義
の譜代の郎党として活躍しています。なぜなら『陸奥話記』は藤原則明が
清貞廣、藤原範季らと共に従軍し、阿部貞任らを攻めた 7 騎武者の 1 人と
して記録しているからです。

　また 7 騎武者の中でも随一と呼ばれた勲功一等を受けた藤原景通は加賀
介、修理少輔とも称され美濃を本貫する武士で、藤原利仁の後裔とされ河
内を本貫とした藤原則明と同族とされています。おそらく影通の一族は頼
義の父満仲の美濃守時代に主従関係を結んだものと考えられます。

　さて平忠常の乱平定の後、頼信は美濃守になりますが、その後の動静は
不明です。ところが、最晩年に河内守として姿を現し、誉田陵に告文を
奉っています。『羽曳野市』によると、当時、石清水八幡宮は誉田陵を八
幡大菩薩（応神天皇）の遺骨を納めた「御舎利之所」とみなす信仰を宣揚
して三昧堂を建立します。そして河内守清原頼隆（979-1053、陰陽師）に
よって、三昧田 15 町が免田として認められるなど、国司の帰依と保護の
対象となります。

　ところで頼信の前任者である河内守清原頼隆については史料的に次のよ
うなことがわかっています。頼隆は平安時代中期の儒学者にして官人で右
大史（太政官、右弁官局に属し正六位上相当の官）の清原近澄の子ですが、

終章　もし応神天皇が百済人であるならば……

叔父の大外記明経博士清原広澄の後嗣となり、晩年は明経博士・大外記となっています。

「大外記」とは太政官の職員のことで外記のうちの上位の者をいいます。定員は２名で正七位上相当です。少外記とともに弁官局と並ぶ太政官の事務局である外記局（少納言局とも）を構成します。『枕草子』の著者清少納言は、当時著名な歌人として知られた清原元輔の晩年の娘ですが、「清少納言」は女房名で「清」は清原氏、「少納言」は親族の役職名に由来しているとされています。

驚くのは河内守源頼信の前任者である清原頼隆と清少納言と前九年の役で大きな働きをした出羽俘囚清原武則とは曾祖父の清原深養父（中古36歌仙の１人）を通して血縁関係にあると伝えられていることです。しかしこれらの系図は確かなものとは言えません。種々の説があるからです。

ただ確かな史料（『陸奥話記』）から言えることは、源頼義の清原光頼・武則兄弟への再三再四の懇請の結果、天喜５年（1062）８月９日１万余の兵を引き連れた清原武則と3000人の兵を従えた源頼義は、栗原の郡営岡で合流し八幡神に戦勝祈願をします。

ちなみに頼義は翌年相模国由比郷に石清水八幡宮を勧請しています。清原武則と源頼義が合流した地は現在の宮城県栗原郡栗駒町の八幡営岡です。安倍貞任追討の構成は後述の通りです。

❖安倍貞任追討軍の構成

清原武貞（清原武則の長子）が１陣、橘貞頼が２陣、吉彦秀武が３陣、橘頼貞が４陣、頼義を５陣とし、５陣は将軍頼義、武則、国内官人の３つにわけます。６陣は吉美侯武忠、７陣は清原武道（武則の子、字は貝沢三郎）です。

源頼義が出羽俘囚長清原武則に安倍貞任の追討の懇請が可能になったのは、頼信の子頼義にとって清原武則は河内国守の前任清原頼隆と通じて知らぬ存在ではなかったからだと考えることができます。すると清原武則と河内国守であった清原頼隆は何らかの関係があったのでしょうか。

209

前九年の役の安倍貞任追討に出陣した諸陣のなかの2陣の橘貞頼、4陣の橘頼貞がいますが、貞頼の字が志万（島）太郎とは男鹿半島のことを指すので、橘氏は男鹿半島を支配を拠点に置く、「清原真人」の血筋を引く氏族と考えられます。天武天皇の治世に「清原真人」を賜った6世の王が多く誕生しているからです。

　『元慶の乱』（秋田城の反乱、878年）の時、小野春風に従い出羽守権掾として下向し、土着化した舎人親王の後裔清原真人令望は清原武則の先祖と考えられるからです。

　清原真人令望は乱の平定後、秋田城司となり城介の代行を務めています。元慶の乱で雄勝・平鹿・山本（仙北）の俘囚は、添河・覇別・助川村とともに律令国家側についています。秋田城介となった清原真人令望は仙（山）北3郡の俘囚を統率する俘囚首の豪族と血縁関係を含む密接な関係を持つようになったと考えられます。

　元慶の乱が終わった翌年の正月出羽国俘囚外六位下深江三門に五位外を叙位されていますが、『陸奥話記』に安倍氏の居城の小松柵（安倍宗任の叔父僧良昭の柵）の岸壁を上って乱入する20人のなかに深江是則の末裔と考えられます。

　ちなみに『陸奥話記』によると、厨柵で安倍貞任が討たれた直後、宗任の叔父僧良昭は陸奥国から出羽国に逃れますが、出羽国守の源斉頼に捕縛されます。また貞任の弟正任は、出羽国の清原光頼（武則の兄）の嫡子で大鳥山太郎頼遠のところに逃れ、後に兄宗任の投降したことを聞いて出頭します。

　大鳥山太郎頼遠の居城大鳥井柵遺跡が数年来の発掘調査によって次のようなことがわかりました。実は一昨年（2016）に出版された樋口知志（岩手大学教授）の研究書『前九年・後三年合戦と奥州藤原氏』によれば清原光頼の子頼遠（大鳥山太郎）の姉妹は安倍正任と姻戚関係にあることも明らかになり、敵側であったはずの正任が清原一族の頼遠の許に隠れた理由もわかったのです。

　大鳥井山遺跡は小高い丘になっていて県立横手高校校舎裏山の南側に接

終章　もし応神天皇が百済人であるならば……

していますが、遺跡の西側は断崖絶壁になっていて横手川が眼下に見えます。安倍貞任の居城厨川柵の傍を北上川が流れているのと、よく似ています。天気の良い日であれば大鳥井山遺跡の真西に私が少年時代に過ごした深井や沼館方面がかすかに見えます。

　樋口氏の本の冒頭に掲載された陸奥の安倍氏と出羽の清原氏の関係系図を見ると一目瞭然なのですが（わかりやすいといっても直近の本ですから著作権の問題もあり、また氏とは面識もありませんので、直接私の本に掲載するわけにはいきません）。『陸奥話記』によると安倍貞任の父安倍頼時は源頼義が再度、鎮守府将軍兼陸奥国守として赴任したときに頼時から頼良に名を変えます。頼時の父は陸奥権守兼奥六郡主の忠良です。

　問題は貞任の父頼時ですが、大船渡を根拠とする磐井金氏（某）の11番目の娘（兄は前九年の役の河崎城主）と結婚し貞任・重任・真任・官照・家任・女子（平永衡の妻）を生みます。更に2番目の娘と則任（白鳥八郎＝良照）を生みます。

　また安倍頼時は出羽山北主清原光頼の妹（頼時嫡妻。妹か不明。武則とは兄弟姉妹の関係）と結婚して宗任（鳥海三郎、伊予・大宰府へ移配）・正任（黒沢尻五郎、伊予に移配）と1女子を生みます。

　宗任の妹は藤原秀郷の血を引く亘理大夫経清（藤原氏）と結婚しますが、経清が厨川で頼義に首を切られた後、清原武則の長子武貞と再婚し、家衡と真衡を生みます。

　したがって宗任の妹で亘理大夫経清の妻には経清と間に生まれた清衡（奥州平泉4代の祖）と武貞と間に生まれた真衡と家衡の3兄弟がいたことになります。後三年の役は家衡に叔父武衡（武則の子）が味方し、真衡と清衡に源義家が味方することによって起きた内乱と言ってよいでしょう。

　ここで強調しておきたいことは安倍貞任と宗任・正任は兄弟ですが、貞任・重任は母方を通して磐井金氏の血を色濃く受け継ぎ、宗任・正任は出羽山北清原光頼の妹を通して清原氏の血を受け継いでいることです。であれば源頼信から再三の安倍貞任追討の要請を受けたにもかかわらず、武則の兄光頼が参戦しなかった理由がわかります。

211

3　壺井八幡宮と通法寺跡

◈頼信の「告文」が意味するもの

　清原頼隆に次いで河内守に就任した源頼信は永承元年（1046）12月に
誉田陵（応神陵）の四至内での狩猟や樹木伐採の禁止する宣旨を出します。
この告文で頼信はまず河内守に就任したことに感謝します。そして先祖以
来の勲功を強調しながら、河内国が富み、民が豊かになって、国務がつつ
がなく遂行できることを、自らの100年の寿および一家の栄耀富貴を八幡
大菩薩に祈願します。頼信の告文はそれだけにとどまらず、次のような頼
信の系譜が述べられています。

　　　第1は、大菩薩の聖体（応神天皇）は、忝くも其の22世の氏祖
　　であり、祭神である応神天皇は源氏の祖先である。そして第2は、応
　　神天皇とその母の神功の武功と護国霊験威力神通大自在天菩薩とも
　　称される八幡大菩薩の護国と霊験とをたたえて武人として敬う。

　そして「所謂、曾祖陽成天皇は権現（応神天皇）の18代の孫也」と従
来の通説（『尊卑分脈』以下の諸系図』）の清和天皇説を完全に否定するこ
とになる、いわゆる陽成天皇説を唱えています。すでに述べましたが、明
治32年（1899）、星野亘が「六孫王ハ清和源氏ニ非ザル考」を発表して以
来、多くの論争がなされましたが、いまだに通説とはなっていません。決
定的な証拠が見つからないという理由です。

　しかし八幡神の研究においてなみなみならぬ業績をあげた宮地直一博士
は、この頼信の告文の持つ重大性を認識した上で、諸源氏のなかで特に宇
多天皇の皇子源敦実親王とその子源雅信らの存在に注目しました。博士の
この発見は極めて大きいと言わなければなりません。

　というのは源氏諸流のなかでも敦実親王とその子源雅信は八幡神に特別

な崇拝の心を持っていたばかりか、その教養・文化程度の高さを背景に雅信の娘倫子は藤原道長の中（妻）となり、後一条天皇、後朱雀天皇の母となる上東門院藤原彰子を生んでいるからです。

　上東門院藤原彰子の女房に『源氏物語』の作者紫式部、歌人和泉式部などが控え、まれにみる文化的世界を形成したことは周知の事実です。もっと驚くのは上東門院藤原彰子の母倫子が所有する荘園坂戸牧と源頼信の本拠地壺井の里が、応神陵（誉田陵）を基軸とする円の線上にあることです。

※河内源氏３代と馬の放牧地

　件（くだん）の頼信の妻こと下級女官の修理命婦は、荘園坂戸牧の馬飼部を出自とする娘かもしれません。でなければこの周縁に多く居住した土師氏の出身かもしれません。この地は古来百済系渡来集団が多く居住した地域です。したがって百済人の末裔と考えられます。またはその他多くある部民のどれかを出自としているのかもしれません。

　いずれにしても修理命婦は平安中期以降の中級の女官が中﨟の「女房」で、より身分の低い職種の官邸で働いていた女性であることは確かです。頼信の近くに住んでいたか、類似する職種の馬飼部（うまかいべ）（大和朝廷の職業部の１つ。馬の飼養など）の出身ではないかと想像します。

　ちなみに馬飼部の身分が高くなかった例が『日本書紀』履中天皇５年（404）９月条にあります。「天皇が淡路島で狩りをした。この日河内の飼部らがお伴して馬の轡（くつわ）をとった。ところが飼部の目の入墨がまだ完治していなかった。その時、島の伊弉諾神（いざなぎ）が神託を下し、血の臭気が耐えられないと言った。そこで占ったところ飼部の入墨の臭気を嫌うと出た」。

　この記事の100年後の継体天皇即位（507年）に大きな貢献をした河内馬飼首荒籠（あらかご）は、生駒西麓から淀川沿いにかけて馬の放牧地を支配下においていた族長（首）と考えられます。徳川将軍綱吉の宝永元年（1704）の大和川付け替え工事以前、大和川は大阪城付近の京橋辺りまでは網の目のように流れていたので氾濫の多い土地であっても馬の放牧地には適していたのでしょう。

『馬・府船・常民』で網野善彦（1928-2004）と考古学者の森浩一が対談していますが、河内坂戸牧や荒川の両岸が天皇家の厩の牧であったことや継体天皇が河内馬飼をブレーンとして使っていたことを話しています。継体天皇が宮とした樟葉は中世摂関家の最大の牧だと網野善彦は語っています。

修理命婦が馬飼部出身の可能性があることから話が脱線しましたが、修理命婦もおそらく桓武天皇の母高野新笠が武寧王の子純太太子の後裔でありながら土師氏の末裔であるために身分が低かったという話に似ているのではないか考えられるからです。頼信の妻修理命婦が馬飼部の出身である確証はありませんが、河内源氏3代と馬と河内国の関連で推理したのです。

河内源氏の祖源頼信の告文には大きなトラウマが隠されています。前にも述べましたが藤原道長を中心とする平安の「文」に対する「武」の葛藤です。それは宮廷内における妻修理命婦と置かれた立場であり、陽成天皇の子経基王を祖とする源氏2世の軍事貴族満仲（武人）を父に持つ誇りとその落差です。親兄弟であっても1世代30年異なれば周辺の世界が一変する場合が多々あります。しかし「文」と「武」の分岐点は日本の歴史を考察する上で重要です。

平忠常の乱平定後、頼信は長子頼義に桓武平氏貞盛流にして平国香4世孫の平直方の娘を迎えることによって、頼信のトラウマは大いに癒されます。平氏は源氏より早く臣籍降下を行い坂東に土着しますが、頼信は軍事貴族としての矛盾を抱えています。しかし平氏も源氏も天智系桓武天皇を祖とすることでは同じです。

しかし応神天皇が百済から渡来した王子であるならばどうなるのでしょうか。決定的な証拠の欠如のために頼信の告文を信じることができず、かつそのなかに秘められているとても重大なメッセージに長い間気がつかなかったのは、確かな証拠が欠如していたからです。

源頼信の告文に込められた本当の意味を理解するには、新旧2つの朝鮮渡来集団によって建国されたという在野の古代史研究者石渡信一郎による『応神陵の被葬者はだれか』（1990年）の出版まで待たなければなりませ

終章　もし応神天皇が百済人であるならば……

んでした。

　この本の内容は一口に言って、百済蓋鹵王（在位455-475）の弟昆支王が倭王済のもとに婿入りし、後応神陵（誉田陵）に埋葬されたということです。倭王済とは倭の五王「讃・珍・済・興・武」（『宋書』倭国伝）の「倭王済」のことです。また百済の王子昆支は倭五王の「倭王武」のことです。すなわち『日本書紀』では「応神」とも「ヤマトタケル（倭武）」とも呼ばれます。

　百済王子昆支が婿入りした倭王済の本拠地は石川と大和川が合流するあたりの現在の羽曳野市、柏原市にありました。そして倭の五王「讃・珍・済・興・武」の「興」までは、加羅から渡来した崇神→垂仁（2代目）の崇神（初代）を始祖王とする「新旧2つの渡来集団」の「旧」に属する王たちです。そして「新」の朝鮮渡来集団は昆支＝倭王武（応神）を始祖王とする百済人からなる集団を言います。

　倭国に渡来した数十万の百済人は広大な湿原河内湖を開拓し大阪平野の原型をつくります。その象徴的な建造物が応神陵を中心とする古市古墳群と堺市の仁徳陵（大山古墳）を中心とする百舌鳥古墳群です。応神陵に倭王武＝昆支王、仁徳陵には昆支（余昆）の弟余紀＝継体天皇が葬られています。

　件の頼信の妻修理命婦の祖先はおそらく百済から渡来した開拓民の1人でしょう。源頼信はこれまで述べてきましたように百済王族の血を引いていますが、百済開拓民との混血が何世代にもわたって行われてきた百済王族の末裔でしょう。そして昆支＝倭王武は弟の余紀こと男弟王（継体天皇）の協力のもとに河内湖を開拓した王であることは、百済系渡来集団の間で語り継がれてきたのでしょう。

※八幡太郎義家の誕生

　晩年の源頼信は崇拝する応神（誉田）陵に虚構の告文を納めるようなことはなかったと考えられます。頼信を父に持つ頼義の嫡子として生まれた八幡太郎義家は、上野介平直方の娘を母としています。源氏も平氏も応神

215

を始祖王としていることでは同じです。頼信の「告文」には、百済系渡来集団の末裔である意識と応神の血を引く子孫としての確たる自信と並々ならぬ誇りが漲っています。

　義家が誕生した長暦年間（1036-39）は、頼信が平忠常の乱の平定で武功を挙げてから約10年後です。義家の祖父頼信は永承3年（1048）に世を去っていますが、義家が10歳の頃です。10歳の源氏の嫡子義家が父頼義・祖父頼信の薫陶を受けないはずはありません。

　「父頼義が八幡宮に参詣したとき、霊夢のお告げによって一振りの宝剣を得たが、その霊夢のあった月に妻が懐胎し、やがて生まれたのが男子の義家であった」という義家誕生の話が『尊卑分脈』の注に載っています。英雄譚の類とはいえ、こと八幡神の名を冠した武人だからこその説話でしょう。

　頼義の長子として生まれた義家は、不動丸、あるいは源太丸と呼ばれましたが、7歳の春、石清水八幡宮の宝前で元服した時に八幡と号したとされています。前九年の役の戦いを記録した『陸奥話記』によると、鳥海の激戦で義家の騎射が神のようであったので蝦夷が八幡太郎と呼んだといいます。

　ちなみに『日本書紀』応神天皇即位前紀に「応神天皇は皇太后の胎内にある時から三韓を授けられた。すでに生まれた時に腕の上に肉が盛り上がっていて、その形はあたかも鞆のようであった」と書かれていますが、鞆は弓を射る際に左の肘にはめる革の武具です。武家としての源氏が八幡神を崇めたのも、八幡神が武家の始祖神としての性格を本来もっていたからです。

◈通法寺跡の頼信・頼義・義家の墓

　源氏3代頼信・頼義・義家の墓がある通法寺跡を訪れるには、大阪安倍野駅発の近鉄長野線の喜志駅で降り、東口から発車するバスに乗り石川を渡って「太子四つ辻」で降ります。交差点を左折し国道沿いに北に7、8分歩きます。二手に分かれる道路の右手の細い村道に入ります。その2、

終章　もし応神天皇が百済人であるならば……

300m先の右側に「頼信・義家の墓」という標識が立っています。その向こうは竹藪とブトウ畑の森になっています。

　先のバスは聖徳太子の菩提寺叡福寺のある「太子前」が終点です。二上山西山麓に位置する叡福寺の境内には叡福寺古墳（磯長陵）と呼ばれる聖徳太子の墓があります。その周辺には敏達・用明・推古・孝徳天皇の墓（陵）があります。なぜか推古天皇の遣唐使小野妹子の墓も一緒ですが、「王陵の谷」と呼ばれています。

　通法寺跡を訪れるコースはもう1つあります。近鉄長野線に乗る場合は古市駅（応神陵が近い）で近鉄南大阪線（橿原神宮方面）に乗り換えて2つ目の「上の太子」で降ります。そこから西に向かって約1.2kmの道を歩くと壺井八幡神社の鳥居の前に着きます。そこは源頼義が前九年の役から凱旋した時に水を飲んだという「壺井の井戸」があります。このコースは天気の良い日であれば最高です。

　壺井八幡宮と「頼信・頼義・義家の墓」は北と南の位置関係にあり、その距離は1kmを越えません。しかしなぜか頼義の墓だけは「頼信・義家の墓」の200m北にあります。

　「頼信と義家の墓」は2つの自然にできた小高い丘陵（ブドウ畑）の上にあり谷で遮られています。北に位置するのが義家の土饅頭形の墓（高さ4m、周囲12mの円墳）で、南の頼信の墓も同じ円墳ですが義家より一回り小さく見えます。

　頼信と義家の墓は土手でつながっています。土手の下が2m（立横）ほどの真四角のコンクリートのトンネルになっています。トンネルは北東にある頼義の墓に通じるように作られています。頼義の墓の前から壺井村の路地を通り八幡宮の参道に出ます。

　かつて八幡神社は源氏を祀る神社だと思っていた私は、今は源氏が八幡神＝応神＝百済の王子昆支を祀っていることを知っています。鳥居をくぐって52段の急な階段を上ると北西方向に前方後円墳の巨大な誉田陵（応神陵）が見えます。

　私は、数回、壺井八幡宮兼通法寺跡を訪ねていますが、いまだに「神

217

社」が先か「寺」か判断がつきかねています。しかし私にとって大阪平野を眺望できる壺井八幡宮と通法寺跡は雑司ヶ谷（豊島区）の漱石の墓や練馬白山神社（義家が奥州に下るときに植えたケヤキが有名）や、たまには帰郷して訪ねる雄物川のほとりに鎮座する深井

源義家が植えたという練馬白山神社の欅

八幡宮や、沼館の矢神八幡宮と同じような愛着と安らぎを感じます。

　高句麗の侵略を逃れて来た何十万、何百万とも言われる百済からの難民（開拓民）の末裔が源氏３代の先祖であるならば、大小無数の川が網の目のように流れる湿地と沼と藪の河内平野を大阪平野に造り上げたのは彼ら百済人です。

　確かに百済系桓武天皇もその子孫の天皇たちも、坂上田村麻呂も、源氏３代もエミシを侵略し支配し、かつ奴隷・賤民としました。これらの事柄は歴史や事物や伝承がいかんなく物語っています。彼らは侵略と支配の罪悪から逃れる

源義家の墓

ことができません。かと言って今はだれにも彼らの罪を赦すことも罰することも、もはやどうすることもできません。

　いまは竹藪とブドウ畑に囲まれた、湿気ただよう頼信と義家の土饅頭のような墓の前に佇むと、隠れようもなく立ち上る霊気に私は感動しかつ困惑します。

おわりに

　本書のサブタイトル「もし応神天皇が百済人であるならば」について一言申し上げます。読者の皆さんは「神経症」の研究で有名なオーストリアの精神医学者のジークムント・フロイト（1856-1939）のことはご存知のことと思います。

　フロイトは晩年「もしもモーセがひとりのエジプト人であったとするならば……」という論文を書きました。ちょうどヒトラーがオーストリアを侵略した1938年の頃です。フロイトのいう「モーセ」とは、旧約聖書の『出エジプト記』に登場する紀元前13世紀ごろの古代イスラエルの預言者にしてユダヤ民族の指導者です。

　フロイトはイスラエルの民に苛酷な十戒を課したモーセをイクナートンいう名のファラオ（皇帝）に仕えた高官のエジプト人であったとしたのですから、モーセを自国の建国者としたユダヤ人にとってまさに“サプライズ!”です。ちなみにイクナートンは古代エジプト第18王朝の唯一神アトン神の宗教革命を図ったアメンホテプ4世（在位1379-1362）の別名です。

　ところがもっと驚くことは、フロイトがユダヤ教の一神教（唯一神）を神経症に類似する事例として分析したことです。どういう事かと言いますと、かつて経験され、のちに忘却された印象、すなわち神経症の病因論に大きな意味をもつ印象をフロイトは心的外傷と名付けました。

　心的外傷のすべては5歳までの早期幼年時代に体験されます。その体験は通常完全に忘れられていますが、心的外傷→防衛→潜伏→神経症発症の経過をたどるというのです。人類の生活においてもこのような個人の生活における事態と似たようなことが起こっているとフロイトは考えました。

　フロイトはこの想定（仮説）にもとづき、神経症状に似た結果こそ宗教という現象にほかならず、国家の形成は個人の形成に類似すると考えたの

です。そしてフロイトは次のように語っています。

　　２つの民族集団の合体と崩壊。すなわち最初の宗教は別のあとの宗
　　教に駆逐されながら、のちに最初の宗教が姿を現し勝利を得る。すな
　　わち民族の一方の構成部分が心的外傷の原因と認められる体験をし
　　ているのに、他の構成部分はこの体験に与らなかったという事実の
　　必然的結果である。

　私はこのフロイトの「心的外傷の二重性理論」を石渡信一郎の説「朝鮮
半島から渡来した新旧２つの渡来集団による古代日本国家の成立」に適用
し、八幡神の正体の解明に役立てることができました。
　以上、私がフロイトの「もし応神天皇が百済人であるならば」というタ
イトルを希望したわけを少なからず理解していただけるものと思います。
もちろん本のタイトルとサブタイトルについては、えにし書房の塚田敬幸
氏の同意を得なければなりません。前回の『干支一運60年の天皇紀』と
同様、氏のなみなみならぬ御理解に心から感謝いたします。

関連系図

天皇家系図

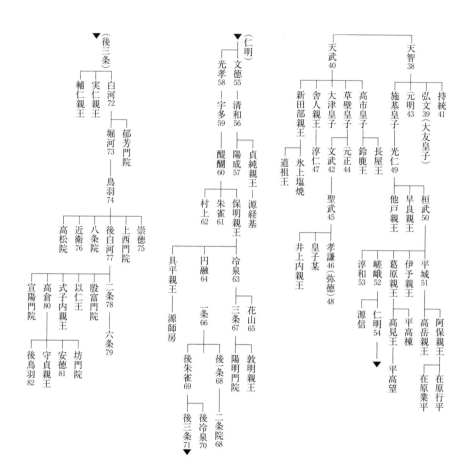

〔藤原氏系図〕①

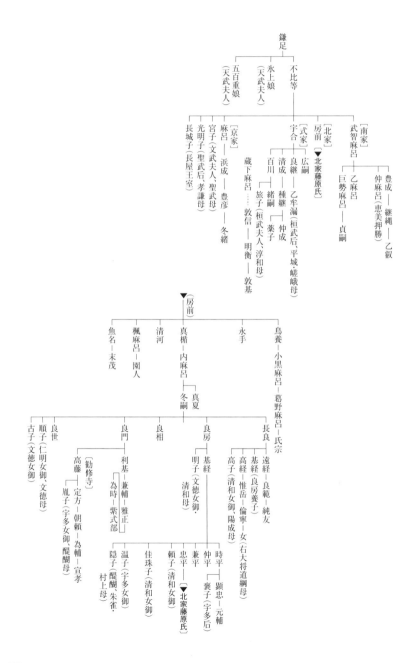

〔藤原氏〕②

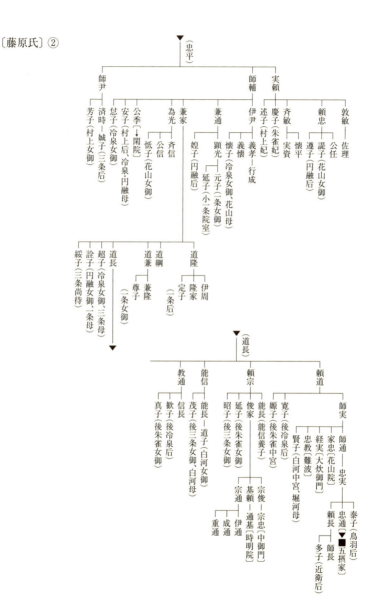

〔藤原氏〕③

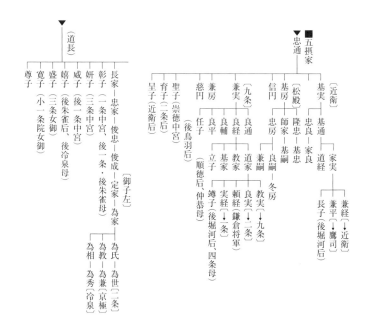

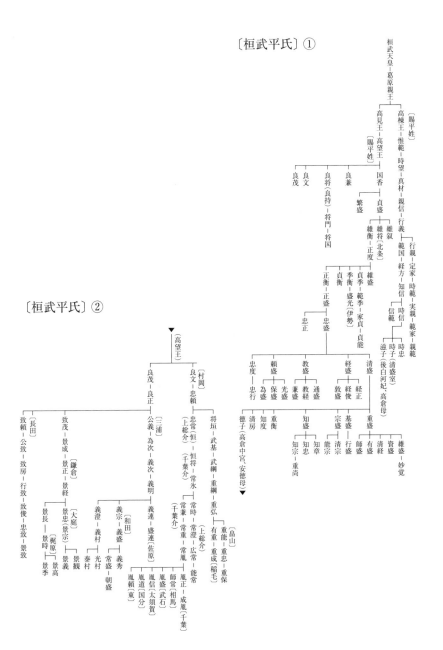

〔清和源氏〕

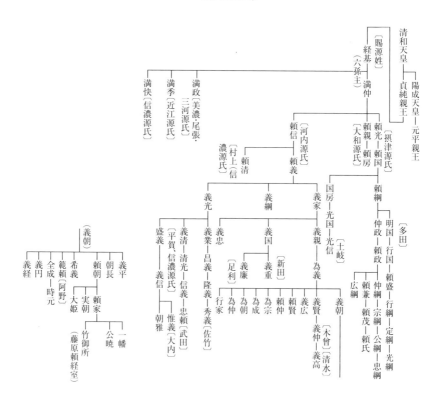

◎参考文献

〈全般〉

『三国史記』（全4巻、平凡社東洋文庫）金鼎軾著、井上秀雄ほか訳注、平凡社東洋文庫、1980年

『平家物語』（小学館日本古典文学全集全2冊）市古貞次注・訳、1994-98年

『続日本紀』（上・中・下、全現代語訳）宇治谷孟、講談社学術文庫、1992年

『日本書紀』（全3巻、新編日本古典文学全集②）小学館、1994年

『古事記』（新編日本古典文学全集①）山口佳記・神野志隆光校注・訳、小学館、1997年

『日本後記』（上・中・下、全現代語訳）森田悌、講談社学術文庫、2006年

〈石渡信一郎の本〉

『アイヌ民族と古代日本』（私家版）石渡信一郎、1984年

『日本百済王朝の成立と百済』（私家版）石渡信一郎、1988年

『応神陵の被葬者はだれか』石渡信一郎、三一書房、1990年

『古代蝦夷と天皇家』石渡信一郎、三一書房、1994年

『百済から渡来した応神天皇』（増補改訂）三一書房、2001年

『日本神話と藤原不比等』石渡信一郎、信和書房、2012年

『倭の五王の秘密』（新訂版）石渡信一郎、信和書房、2016年

〈役に立った本〉

『八幡神の研究』宮地直一、理想社、1951年

『日蓮』大野達之助、吉川弘文館、1958年

『道鏡』横田健一、吉川弘文館、1959年

『桓武天皇』村尾次郎、吉川弘文館、1963年

『源義家』安田元久、吉川弘文館、1966年

『将門記』（全2巻）梶原正昭訳注、平凡社、1975年

『宇佐史』（上巻）宇佐市刊行会、1975年

『謎の反乱』浅野恭平、地産出版、1975年

『古今著聞集』（新潮日本古典集成）西尾光一・小林保治校註、1983年

『八幡信仰』中野幡能、塙新書、1985年

『八幡宇佐宮託宣集』重松明久編、現代思想社、1986年

『藤原仲麻呂』岸俊男、吉川弘文館、1987年

『金光明経』壬生台舜、大蔵出版仏典講座、1987年

『都城の生態』（日本の古代⑨）岸俊男編、中央公論社、1987年

『古代の日本海文化』藤田富士夫、中公新書、1990年

『徳一と最澄』高橋富雄、中公新書、1990年

『性差別する仏教』大越愛子・源淳子・山下愛子、法蔵館、1990年

『天平の時代』（日本の歴史④）栄原永達男、集英社、1991 年

『平安建都』（日本の歴史⑤）瀧浪貞子、集英社、1991 年

『馬・船・常民』森浩一、網野善彦、講談社学術文庫、1991 年

『謎の画像鏡と紀氏』日根輝己、燃焼社、1992 年

『弓削道鏡』（上・下）黒岩重吾、文藝春秋社、1992 年

『東北・北海道』（新版「古代日本」9）角川書店、1992 年

『日本の中世の身分と社会』丹生谷哲一、塙書房、1993 年

『八幡大神の神託』清輔道生、彩流社、1995 年

『天皇家と源氏』奥富敬之、三一新書、1997 年

『増補新版　部落の源流』高本力、三一書房、1993 年

『藤井寺市』（第 1 巻）羽曳野市編纂委員会、1997 年

『宇佐八幡宮法会と法蓮』中野幡能、岩田書院、1998 年

『徳一菩薩』高橋富雄、歴史春秋社、2000 年

『アマテラスの変貌』佐藤弘夫、法蔵館、2000 年

『道長の宮廷社会』（日本の歴史 6　講談社）大津透、2001 年

『北条時宗と蒙古襲来』村井章介、NHK ブックス、2001 年

『古代東北と王権』中路正恒、講談社現代新書、2004 年

『八幡神とは何か』飯沼賢司、角川選書、2004 年

『荒蝦夷』熊谷達也、平凡社、2004 年

『田村麻呂と阿弖流為』新野直吉、吉川弘文館、2007 年

『平将門』川尻秋生、吉川弘文館、2007 年

『八幡神と神仏習合』逵日出典、講談社現代新書、2007 年

『遣唐使の光芒』森公章、角川選書、2007 年

『百済王氏と古代日本』大坪秀敏、雄山閣、2008 年

『飛鳥時代　倭から日本へ』田村圓澄 2 吉川弘文館、2009 年

『河内源氏』元木康雄、中公新書、2011 年

『「日本＝百済説」説』金容雲、三五館、2011 年

『聖武天皇と仏都平城京』（シリーズ日本古代史④　講談社）吉川真司、2011 年

『平城京の時代』（シリーズ日本古代史④　岩波新書）坂上康俊、2011 年

『平安京遷都』（シリーズ日本古代史⑤　岩波新書）川尻秋生、2011 年

『摂関政治』（シリーズ日本古代史⑥　岩波新書）古瀬奈津子、2011 年

『日本神話と藤原不比等』石渡信一郎、信和書房、2012 年

『アテルイと東北古代史』熊谷公男編、高志書院、2016 年

「女人嵯峨」（劇団俳小特別プロジェクト公演）、作：堀江安夫、演出：中野誠、2018 年 7 月 15 日
-22 日（俳優座）

林順治（はやし・じゅんじ）

旧姓福岡。1940年東京生まれ。東京空襲の1年前の1944年、父母の郷里秋田県横手市雄物川町深井（旧平鹿郡福地村深井）に移住。県立横手高校から早稲田大学露文科に進学するも中退。1972年三一書房に入社。取締役編集部長を経て2006年3月退社。

著書に『馬子の墓』『義経紀行』『漱石の時代』『ヒロシマ』『アマテラス誕生』『武蔵坊弁慶』『隅田八幡鏡』『天皇象徴の日本と〈私〉1940-2009』『八幡神の正体』『古代七つの金石文』『法隆寺の正体』『ヒトラーはなぜユダヤ人を憎悪したか』『「猫」と「坊っちゃん」と漱石の言葉』『アマテラスの正体』『日本古代国家の秘密』『エミシはなぜ天皇に差別されたか』『沖縄！』『日本古代史問答法』（彩流社）、『応神＝ヤマトタケルは朝鮮人だった』『仁徳陵の被葬者は継体天皇だ』（河出書房新社）、『日本人の正体』（三五館）、『漱石の秘密』『あっぱれ啄木』（論創社）、『日本古代史集中講義』『「日本書紀」集中講義』『干支一運60年の天皇紀』（えにし書房）ほか。

〈新装改訂版〉**八幡神の正体**
もしも応神天皇が百済人であるならば

2018年 8月30日 初版第1刷発行

■著者　　林　順治
■発行者　塚田敬幸
■発行所　えにし書房株式会社
　　　　　〒102-0074　東京都千代田区九段南2-2-7 北の丸ビル3F
　　　　　TEL 03-6261-4369　FAX 03-6261-4379
　　　　　ウェブサイト　http://www.enishishobo.co.jp
　　　　　E-mail　info@enishishobo.co.jp

■印刷／製本　三松堂印刷株式会社
■DTP・装幀　板垣由佳

ⓒ 2018 Junji Hayashi　ISBN978-4-908073-58-8 C0021

定価はカバーに表示してあります
乱丁・落丁本はお取り替えいたします。
本書の一部あるいは全部を無断で複写・複製（コピー・スキャン・デジタル化等）・転載することは、法律で認められた場合を除き、固く禁じられています。

えにし書房　林順治の古代史関連書

干支一運 60 年の天皇紀
藤原不比等の歴史改作システムを解く

林順治 著

定価：2,000 円＋税／ A5 判／並製

万世一系神話の創作の仕組を解明する！
——いま仮に、旧王朝の編年体の史書が発見されたものと仮定する。この史書をバラバラにほぐし、多くの"天皇紀"に記事を分散配置して新王朝の"万世一系の歴史"を作ろうとする場合、その"天皇紀"がいずれも 60 通りの干支を包含した干支一運の天皇紀であれば、旧王朝の史書のどの年度の記事であろうと、希望の天皇紀に該当する干支のところに放り込める。干支一運の天皇紀は"歴史改作のシステム"なのである。

ISBN978-4-908073-51-9 C0021

主な内容

第 1 章　干支一運 60 年の天皇紀

第 2 章　崇神＋垂仁と倭の五王「讃・珍・済・興・武」

第 3 章　七支刀銘文の倭王「旨」はだれか

第 4 章　好太王碑文の「倭」

第 5 章　隅田八幡鏡銘文の「日十大王」はだれか

第 6 章　百済武寧王と継体天皇の出自

第 7 章　稲荷山鉄剣銘文のワカタケル大王

第 8 章　船氏王後墓誌と百済人

〈付 録〉古代歴代天皇干支表
　　　（初代神武天皇から第 44 代元正天皇まで）

えにし書房　林順治の古代史講義シリーズ

日本古代史集中講義
天皇・アマテラス・エミシを語る

林順治 著

定価：2,000円＋税／四六判／並製

日本国家の起源は？　日本人の起源は？　そして私の起源は？　古代史の欺瞞を正し、明確な答えを導き出しながら学界からは黙殺される石渡信一郎氏による一連の古代史関連書の多くに編集者として携わり、氏の説に独自の視点を加え、深化させたわかりやすい講義録。出自を隠さざるを得なかった新旧2つの渡来集団による古代日本国家の成立と、万世一系神話創設の過程から、最近の天皇退位議論までを熱く語る。

ISBN978-4-908073-37-3 C0021

『日本書紀』集中講義
天武・持統・藤原不比等を語る

林順治 著

定価：2,000円＋税／四六判／並製

『日本書紀』の"虚と実"を解明する！　天智と天武が異母兄弟であることや、天武と古人大兄は同一人物であることなど、驚くべき古代天皇の系譜を紐解く。壬申の乱（672年）はなぜ起こったのか。藤原不比等がなぜ『日本書紀』において、蘇我王朝三代（馬子・蝦夷・入鹿）の実在をなかったことにしたのか、という核心的謎に迫る。石渡信一郎の「古代日本国家は朝鮮半島からの新旧二つの渡来集団によって成立した」という命題に依拠した、好評の古代史講義シリーズ第2弾。

ISBN978-4-908073-47-2 C0021

えにし書房の古代史関連書

卑弥呼の「鏡」が解き明かす
邪馬台国とヤマト王権

藤田憲司 著

定価：1,800円＋税／四六判／並製

三角縁神獣鏡ほか日韓の緻密な発掘データ解析から、まったく新しい鏡文化・脱ヤマト王権論を展開。従来の日本・東アジアの古代史像に一石を投じる。図版データ多数！
邪馬台国は北部九州の中にあったと考えざるを得ない──。
日韓の墳丘墓から出土される鏡に注目し、古墳と副葬品の関連、鏡の文化の変遷をたどる。

ISBN978-4-908073-21-2 C0021

捏造の日本古代史
日本書紀の解析と古墳分布の実態から解く

相原精次 著

定価：2,000円＋税／四六判／並製

"古代史"を取り戻せ！
いまこそ真摯に古代史に向き合いたい。
権力の都合によって捏造された形で流布し、常識となっている古代史の「前提」を疑い、解体する。
日本書紀を虚心に読み込み、その成立過程の「層」構造を究明し、積年の古墳研究により明らかになりつつある豊穣で多様性に富んだ古代史の真の姿に迫る。

ISBN978-4-908073-35-9 C0021